AF529673

वैदिक साहित्य में उपासना का महत्त्वपूर्ण स्थान है। हिन्दू धर्म के सभी मतावलम्बी–वैष्णव, शैव, शाक्त तथा सनातन धर्मावलम्बी–उपासना का ही आश्रय ग्रहण करते हैं। यह अनुभूत सत्य है कि मन्त्रों में शक्ति होती है। परन्तु मन्त्रों की क्रमबद्धता, शुद्ध उच्चारण और प्रयोग का ज्ञान भी परम आवश्यक है, जिस प्रकार कई सुप्त व्यक्तियों में से जिस व्यक्ति के नाम का उच्चारण होता है, उसकी निद्रा भंग हो जाती है, अन्य सोते रहते हैं, उसी प्रकार शुद्ध उच्चारण से ही मन्त्र प्रभावशाली होते हैं और देवों को जाग्रत करते हैं।

क्रमबद्धता भी उपासना का महत्त्वपूर्ण भाग है। दैनिक जीवन में हमारी दिनचर्या में यदि कहीं व्यतिक्रम हो जाता है तो कितनी कठिनाई होती है, उसी प्रकार उपासना में भी व्यतिक्रम कठिनाई उत्पन्न कर सकता है।

अतः उपासना पद्धति में मन्त्रों का शुद्ध उच्चारण तथा क्रमबद्ध प्रयोग करने से ही अर्थ चतुष्टय की प्राप्ति कर परम लक्ष्य–मोक्ष को प्राप्त किया जा सकता है। इसी शृंखला में प्रस्तुत है–शिव उपासना।

पं० राधाकृष्ण श्रीमाली

# शिव उपासना

डायमंड बुक्स

प्रकाशक : डायमंड पॉकेट बुक्स (प्रा.) लि.
X-30 ओखला इंडस्ट्रियल एरिया, फेज-II
नई दिल्ली-110020
फोन : 011-40712200
ई-मेल : wecare@diamondbooks.in
वेबसाइट : www.diamondbooks.in
संस्करण : 2024

**Shiv Upasana**

*By : Pt. Radha Krishna Srimali*

# लेखकीय

मंत्रों में अद्‌भुत शक्ति है। इस शक्ति का प्रयोग करें और देखेंगे कि अनास्था की ओर जा रहे बौद्धिक वर्ग में आस्था जाग्रत हो रही है। जीवन की विरोधी गतिविधियों को अनुकूल बनाने के लिए सदैव एक सूक्ष्म शक्ति को साथ रखने की आवश्यकता रहती है। साधक को मन्त्रमय बनाने के लिए प्रातः से सायं तक की सभी क्रियाओं के लिए मन्त्र सहायक होते हैं।

इस पुस्तक में महादेव से सम्बन्धित प्रयोग, जाप, पूजादि देने का भरपूर प्रयास किया गया है। हर अष्टक, पाठ-प्रयोगों में नवीनता पायेंगे। इसका मूल्याकंन तो प्रयोग के बाद ही कर पायेंगे। साधारण लोग मन्त्र-साधना का आरम्भ किन्हीं भौतिक उपलब्धियों या संकटनाश की आशा से ही करते हैं। संकट आने पर नास्तिक भी इधर झुकने को तैयार हो जाते हैं और आशाजनक लाभ प्राप्त होने पर सहज में ही मन्त्र-शक्ति पर विश्वास करने लगते हैं। इस पुस्तक हर प्रकार के शिव-उपासक के लिए परमोपयोगी है। दरिद्रता-निवारण, आर्थिक अभाव को दूर करने अथवा लक्ष्मी की प्राप्ति के लिए प्रभावशाली स्तोत्रादि दिए हैं। विश्व के सभी असाधारण कार्य बुद्धि के सहयोग से ही किए जाने सम्भव हैं। अतः बुद्धिवर्द्धक प्रयोग है।

हर जीवन में विरोध, संकट और विघ्न आते हैं। इन्हें दूर करने का कोई साधन न देखकर वह घबरा जाता है और जीवन में निराशा छा जाती है। इस संकट की घड़ी में कोई दैव्य शक्ति की अपेक्षा रहती है। इसके आह्वान के लिए अनुभव सिद्ध प्रयोग संकलित हैं। विश्वास और श्रद्धा से इन्हें करें तो अति निश्चित लाभ होता है। मन्त्र-शक्ति साधक के साथ आशा की किरणों की तरह साथ रहती है। मन्त्र-साधक सदैव आशाप्रद जीवन जीता है। वह कभी निराश भी नहीं होता, कारण वह एक असीम शक्ति के

सान्निध्य की निरन्तर अनुभूति करता है तथा विजय और सफलता के कीर्तिमान स्थापित करता है। कोई विधान न होने पर भी जीवन की अनेक योजनाओं में सफलता की आकांक्षा रहती है।

इस प्रकार यह पुस्तक विशेष उपयोगी बन पड़ी है और यह मन्त्र-शक्ति के प्रति आस्था उत्पन्न करेगी, ऐसा मेरा दृढ़ विश्वास है।

**ज्योतिष अनुसंधान केन्द्र**
२६/२०, एक, श्रीसदन
हाई कोर्ट कालोनी, जोधपुर (राज०)
फोन: २५६२५

**पं० राधाकृष्ण श्रीमाली**
**एवं**
**कमल श्रीमाली**

# विषय-सूची

# गणेश-पूजनम्

प्रातः काल स्नानादि से निवृत्त होकर सरिता, तालाब, तपोवन, भूमि या अन्यत्र शान्तिमय वातावरण में अपने घर के किसी स्थान में गणपति की साधना की जानी चाहिए। साधना काल में मुंह पूर्व की ओर रखना चाहिए। आसन कुशा या ऊन का हो तो उत्तम है। एक सुन्दर चौकी पर गणपति का भव्य-सुन्दर तेजोमय चित्र शीशे में मंडित स्थापित कर लें। यदि प्रतिमा की स्थापना हो पाए तो और भी उत्तम व श्रेष्ठ है। यदि प्रतिमा की व्यवस्था न हो सके तो एक पात्र में चावल डालकर उस पर एक सुपारी की स्थापना कर लें। पूजन से पूर्व शुद्ध घी के दीपक की स्थापना गणेशजी के चित्र या प्रतिमा के दायीं ओर करें। अब अधोलिखित मन्त्र का उच्चारण करते हुए दीप-पूजन शुद्ध मन से करें—

**ॐ दीप ज्योतिषे नमः।**

फिर दीपशिखा में श्री गणेश की भावना करते हुए निम्न प्रार्थना करें—

**प्रार्थना**

**भो दीप देवरूपस्वं सर्वसाक्षी ह्यविघ्नकृत।**
**यावत् कर्म समाप्तिः स्यात् तावत् त्वं सुस्थिरो भव।।**

**आचमन**

निम्न मन्त्रों का पाठ करते हुए तीन बार आचमन करना चाहिए—

**ॐ केशवाय नमः।**
**ॐ नारायणाय नमः।**
**ॐ माधवाय नमः।**

अब निम्न मन्त्र पढ़ते हुए हाथ धो लें—

**ॐ हृषीकेशाय नमः।**

**पवित्री धारणा**

निम्न मन्त्रों का पाठ करते हुए दाहिने हाथ में कुशा की पवित्री ग्रहण करें—

**ॐ पवित्रे स्थो वैष्णव्यौ सवितुर्व प्रसव।**

उत्पुनाम्यच्छिद्रेण पवित्रेण सूर्यस्य रश्मिभिः।
तस्यते पवित्रपते पवित्रपूतस्य यत्कामः पुनेत्च्छकेयम्।

**पवित्रीकरण**

तीन बार प्राणायाम करके निम्न मन्त्रों का उच्चारण करते हुए एकत्र की हुई पूजा सामग्री व अपने शरीर पर इस भावना से जल छिड़कें कि पूजा सामग्री और हमारा बाह्य व आन्तरिक शरीर पवित्र हो रहा है—

**ॐ अपवित्रः पवित्रो व सर्वावस्थां गतोऽपि वा।**
**य स्मरेत् पुण्डरीकाक्षं स बाह्याभ्यन्तरः शुचि।।**
**ॐ पुण्डरीकाक्षः पुनातु।**

**मंगल-पाठ**

**ॐ आ नो भद्रा क्रतवो यन्तु विश्वतोऽब्धासो अपरीतास उद्भिदः।**
**देवानो यथा सदमिद् वृधे असन्न प्रायुवो रक्षितारो दिवे दिवे।।**
**देवानां भद्रा सुमतिर्ऋजूयतां देवानाम् रति रभिनो निवर्तताम्।**
**देवाना ७ सख्यमुपसेदिमा वयं देवा न आयुः प्रतिरन्तु जीवसे।**
**तान् पूर्वया निविदा हूमहे वयं भगं मित्रमदितिं दक्षमस्त्रिधम्।**
**अर्यमणं वरुणंवु सोममश्विना सरस्वती नः सुभगा मयस्करत्।।**
**तन्नो वातो मयो भु वातु भेषजं तन्माता पृथ्वी तत्पिताद्यौः।**
**तद्ग्रावाणः सोममसुतो मयोभुवस्तदश्विनां श्रुणुतं धष्णया युवम्।।**
**तमीशानं जगतस्तुस्शुषस्पति धियं जिन्मवसे हूमहे वयम्।**
**पूषा नो यथा वेदसामसद् वृधे रक्षितापायुरनब्धः स्वस्तये।।**
**स्वस्ति न इन्द्रो वृद्धश्रवाः स्वस्तिनः पूषा विश्ववेदा।**
**स्वस्ति नस्ताक्ष्यों अरिष्टनेमिः स्वस्ति नो बृहस्पतिर्दधातुः।**
**पृषदश्वा मरुतः पृश्निमातरः शुभञ्आय मनो विदधेषु जग्मयः।**
**अग्निर्जिह्वा मनवः सूरचक्षसो विश्वे नो देवा अवसागमन्निह।।**
**भद्रं कर्णेभिः श्रृणुयाम देवा भद्रं पश्येमाक्षभिर्यजत्राः।**
**स्थिरैरंगे स्तुष्टुवा सस्तनूभिर्व्यशेमहि देवहितं यदायुः।।**
**शतमिन्न शरदो अन्तिदेवायवा नश्चक्रा जरसन्तनूनाम्।**
**पुत्रासोयत्र पितरो भवन्ति मानो मध्या रीरिषतायुर्गन्तो।।**
**अदितिर्द्यौरदितिरन्तरिक्षमदितिर्माता स पिता स पुत्रः।**
**विश्वेदेवा अदितिः पंचजना अदितिर्जातमदितिर्जनित्वम्।।**
**ॐ द्यौः शान्तिरन्तरिक्ष ७ शान्तिः पृथिवी शान्तिरापः**

शान्तिरोषधयः शान्तिः। वनस्पतयः शान्तिर्विश्वेदेवाः शान्तिर्ब्रह्मा शान्तिः सर्व ७ शान्तिः शान्तिरेव शान्तिः सा मा शान्तिरेधि।

यतो यतः समीहसे ततो नो अभयं कुरु।
शं नः कुरु प्रजाभ्यो भयं न पशुभ्यः।।

सुखाशान्तिर्भवतु।
श्री मन्महागणाधिपतये नमः।
लक्ष्मीनाराणाभ्यां नमः।
उमामहेश्वराभ्यां नमः।
वाणीहिरण्यगर्भाभ्यां नमः।
शचीपुरन्दराभ्यां नमः।
मातपितृभ्यां नमः।
इष्ट देवताभ्यो नमः।
कुल देवताभ्यो नमः।
ग्राम देवताभ्यो नमः।
वास्तु देवाताभ्यो नमः।
स्थान देवताभ्यो नमः।
सर्वेभ्यो देवभ्यो नमः।
सर्वेभ्यो ब्राह्मणेभ्यो नमः।

विश्वेश माधवं ढुण्ढिं दण्डपाणिं च भैरवम्।
वन्दे काशी गुह्यां गगां भवानी मणिकर्णिकाम्।।
वक्रतुण्ड महाकाय सूर्य कोटि समप्रभ।
निर्विघ्नं कुरु मे देव सर्व कार्येषु सर्वदा।।
सुमुखश्चैक दन्तश्च कपिलो गजकर्णकः।
लम्बोदरश्च विकटो विघ्ननाशो विनायकः।।
धूम्रकेतुर्गणाध्यक्षो भाल चन्द्रो गजाननः।
द्वादशैतानि नामानि यः पठेच्छृणुयादपि।।
विद्यारम्भे विवाहे च प्रवेशे निर्गमे तथा।
संग्रामे संकटे चैव विघ्नस्तस्य न जायते।।
शुक्लाम्बरधरं देवं शशिवर्णं चतुर्भुजम्।
प्रसन्नवदनं ध्यायेत् सर्वविघ्नोपशान्तये।।
अभीसिप्तिार्थ सिद्ध्यर्थे पूजयतो यः सुरासुरैः।
सर्व विघ्नविच्छेदे तस्मै गणाधिपतये नमः।।

सर्वमंगलमंगल्ये शिवे सवार्थ साधिके।
शरण्ये त्र्यम्बके गौरि नारायणि नमोस्तुते।।
सर्वदा सर्व कार्येषु नास्ति तेषाममंगलम्।
येषां हृदि स्थो भगवान् मंगलायतनो हरिः।।
तदेव लग्नं सुदिनं तदेव ताराबलं चन्द्रबलं तदेव।
विद्या बलं दैव बलं तदेव लक्ष्मीपते तेङघ्रियुगे स्मरामि।।
लाभस्तेषां जयस्तेषां कुतस्तेषां पराजयः।
येषामिन्दीवरश्यामो हृदयस्थो जनार्दनः।
यत्र योगेश्वरः कृष्णो यत्र पार्थो धनुर्धरः।
तत्र श्रीर्विजयो भूतिध्रु्वा नीतिर्मतिर्मम।।
अनन्याश्चिन्तयन्तो मां ये जनाः पुर्यपासते।
तेषां नित्याभियुक्तानां योग-क्षेमं वहाम्यहम्।।
स्मृते सकल कल्याणं भाजनं यत्र जायते।
पुरुषं तमजं नित्यं व्रजामि शरणं हरिम्।।
सर्वेष्वारम्भ कार्येषु त्रयस्त्रिभुवनेश्वराः।
देवा दिशन्तु नः सिद्धि ब्रह्मेशानजनार्दनाः।।

**संकल्प**

हाथ में जल-चावल-पुष्प लेकर पूर्वानुसार संकल्प करें-

**आवाहन**

**हे हेरम्ब त्वमेह्येहि ह्याम्बिका त्र्यम्बकात्मज।**
**सिद्धि बुद्धिपते त्र्यक्ष लक्षलाभ पितु पितः।।**
**नागास्य नागाहारं त्वां गणराजं चतुर्भुजम्।**
**भूषितं स्वायुधैर्दिव्यैः पाशांकुश परश्वधैः।।**
**आवाहयामि पूजार्थं रक्षार्थं च मम क्रतोः।**
**इहागत्य गृहाण त्वं पूजा यागं च रक्ष मे।।**

ॐ गणानां त्वा गणपति ॐ हवामहे प्रियाणां त्वा प्रियपति ॐ हवामहे निधीनां त्वा निधिपति ॐ हवामहे वसोमम। आहमजानि गर्भधमा त्वमजासि गर्भधम्। ॐ भूर्भुवः स्वः सिद्ध बुद्धि सहिताय गणपतये नमः, गणपतिमावाहयामि स्थापयामि च।

**प्रतिष्ठापन**

**ॐ मनो जूतिर्जुमाज्यस्व बृहस्पतिर्यज्ञमिमं त्वनोत्व रिष्टं यज्ञ ॐसमिमंदधातु। विश्वेदेवास इह मादयन्तामो प्रतिष्ठ।**

अस्यै प्राणाः प्रतिष्ठन्तु अस्यै प्राणाः क्षरन्तु च।
अस्यै देवत्वचार्यै मामहेति च कश्चन।
सिद्धि बुद्धि सहिताय गणपते सुप्रतिष्ठतो वरदो भव।

आसन

विचित्र रत्न संचितं दिव्यास्तरण संयुतम्।
स्वर्ण सिंहासनं चारु गृहणीष्व सुर पूजित।।
ॐ पुरुष एवेद ं सर्व यद्भूतं यच्च भाव्यम्।
उतामृतत्वस्येशानो यदन्नेनातिरोहति।।
ॐ सिद्धि बुद्धि सहिताय महागणपतये नमः, आसनं समर्पयामि।

पाद्य

ॐ सर्वतीर्थ समुद्भूतं पाद्यं गन्धादिभिर्युतम्।
विघ्नराज गृहाणेदं भगवन् भक्तवत्सल।।
ॐ एतावानस्य महिमातो ज्यायांश्च पूरुषः।
पादौऽस्य विश्वा भूतानि त्रिपादस्यामृतं दिवि।।
ॐ सिद्धि बुद्धि सहिताय महागणपतये नमः पादयोर्पाद्यं समर्पयामि।

अर्घ्य

ॐ गणाध्यक्ष नमस्तेऽस्तु गृहाण करुणाकर।
अर्घ्यं च फल सयुक्तं गन्धमाल्याक्षतैर्युतम्।।
ॐ त्रिपादूर्ध्व उदैत्पुरुषः पादोस्येहा भवत् पुनः।
ततो विष्वङ् व्यक्रमत्साशनानशने अभि।
ॐ सिद्धि बुद्धि सहिताय महागणपतये नमः, हस्तयोरर्घ्यं समर्पयामि।

आचमन

विनायक नमस्तुभ्यं त्रिदशैरभिवन्दिता।
गंगादकेन देवेश कुरुष्वाचमनं प्रभो।।
ॐ ततो विराडजायत् व्विराजो अधि पुरुषः।
स जातो अत्यरिच्यत पश्चाद् भूमिमथोपुरः।।
ॐ सिद्धि बुद्धि सहिताय महागणपतये नमः, मुखे आचमनीयं समर्पयामि।

स्नान

मन्दाकिन्यास्तु यद्वारि सर्वपाप हरं शुभम्।
तदिदं कल्पितं देव स्नानार्थं प्रतिगृह्यताम्।।
ॐ तस्माद्यज्ञात्सर्वहुतः सम्भृतं पृषदाज्यम्।
पशूंस्ताश्चक्रे वायव्या नारण्या ग्राम्याश्चजे।।

ॐ सिद्धि बुद्धि सहिताय महागणपतये नमः, सर्वांगे स्नानं समर्पयामि।

पंचामृत स्नान

पंचामृतं मयाऽनीतं पयोदधि घृतं मधुम्।
शर्करा च समायुक्तं स्नानार्थं प्रतिगृह्यताम्।।
ॐ पंच नद्यः सरस्वतीमपि यान्ति सस्रोतसः।
सरस्वती तु पंचधा सो देशे भवत्सजित्।

ॐ सिद्धि बुद्धि सहिताय महागणपतये नमः, पंचामृत-स्नानं समर्पयामि।

दुग्ध-स्नान

कामधेनु समुद्भूतं सर्वेषां जीवनं परम्।
पावनं यज्ञहेतुश्च पयः स्नानार्थमर्पितम्।।
ॐ पयः पृथिव्यांपय ओषधीषु पयो दिव्यन्तरिक्षे।
पयोधाः पयस्वतीः प्रदिश सन्तु मह्यम्।।

ॐ सिद्धि बुद्धि सहिताय महागणपतये नमः, पय-स्नानं समर्पयामि। पयस्नानान्ते शुद्धोदकस्नानं समर्पयामि।

दधि-स्नान

पयमस्तु समुद्भूतं मधुराम्लं शशिप्रभम्।
दध्यानीतं मया देव स्नानार्थं प्रतिगृह्यताम्।।
ॐ दधि क्रावणो अकारिष जिष्णोः रश्वस्य वाजिनः।
सुरभि नो मुखा करत् प्राण आयू ष्ठ षि तारिषीष।।

ॐ सिद्धि बुद्धि सहिताय महागणपतये नमः, दधिस्नानंसमर्पयामि। दधिस्नानान्ते शुद्धोदकस्नानं समर्पयामि।

घृत-स्नान

नवनीत समुत्पन्नं सर्वसंतोष कारकम्।
घृतं तुभ्यं प्रदास्यामि स्नानार्थं प्रतिगृह्यताम्।।
ॐ घृतं मिमिक्षे घृतमस्य योर्निधते श्रितोर्घृतम्वस्य धाम।
अनुष्वधमा वह सादयस्व स्वाहाकृतं वृषभ वक्षि हव्यम्।।

ॐ सिद्धि बुद्धि सहिताय महागणपतये नमः। घृत स्नानं समर्पयामि।

घृतस्नानांते शुद्धोदक स्नानं समर्पयामि।

## मधु-स्नान

पुष्परेणु समुदभूतं सुस्वातु मधुरं मधु।
तेजः पुष्टिकरं दिव्यं स्नानार्थं प्रतिगृह्यताम्।।

ॐ मधुवाता ऋत्तायने मधु क्षरन्ति सिन्धवः। माध्वीनंः सन्त्वोषधीः।

मधु नक्तमुतोषसो मधुमत् पार्थिव ७ रजः।
मधु द्योरस्तु नः पिता।
मधुमान्नो वनस्पतिर्मधुमां अस्तु सूर्यः।
माध्वीर्गावो भवन्तु नः।

ॐ सिद्धि बुद्धि सहिताय महागणपतये नमः, मधुस्नानं समर्पयामि। मधु स्नानान्ते शुद्धोदकस्नानं समर्पयामि।

## शर्करा-स्नान

इक्षुरससमुद्भूता शर्करा पुष्टिदा शुभा।
मलापहारिका दिव्या स्नानार्थं प्रतिगृह्यताम्।।

ॐ अपा ७ रसमुद्वयास सूर्ये सन्त ७ समाहितम्।

अपा ७ रसस्य यो रसस्तं वो गृहणाम्युत्तसमुयाम गृहीतोऽसीन्द्राय त्वा जुष्टं गृह्णाम्येष ते योनिरिन्द्राय त्वा जुष्टतमम्।

ॐ सिद्धि बुद्धि सहिताय महागणतये नमः, शर्करा स्नानं समर्पयामि।

शकरास्नानान्ते शुद्धोदकस्नानं समर्पयामि।

## तैल-अर्पण

चम्पाशोक बकुल मालती मोगरादिभिः।
वासितं स्निग्धता हेतु तैल चारु प्रतिगृह्यताम्।।

ॐ सिद्धि बुद्धि सहिताय महागणपतये नमः, सुवासितं तैलं समर्पयामि।

## शुद्धोदक स्नान

गंगा च यमुना चैव गोदावरी सरस्वती।
नर्मदा सिंधु कावेरी स्नानार्थं प्रति गृह्यताम्।।

ॐ आपो हिष्ठा मयोभुवस्ता न ऊर्जे दधातन। महेरणाय चक्षसे।

ॐ सिद्धि बुद्धि सहिताय महागणपतये नमः, शुद्धोदक स्नानं समर्पयामि।

**वस्त्र**

शीत वातोष्ठा संत्राणं लज्जया रक्षणं परम्।
देहालंकरणं वस्त्रमतः शान्ति प्रयच्छ मे।।

ॐ युवा सुवासाः परिवति आगात् स उश्रेयान् भावती याजमानः तं धीरासः कवच उन्नयन्ति स्वाध्योद् मनसा देवयन्तः।।

ॐ सिद्धि बुद्धि सहिताय महागणपतये नमः, आचमनं समर्पयामि।

**गन्ध**

श्री खण्ड चन्दनं दिव्यं गन्धाढ़यं सुमनोहरम्।
विलेपनं सुरश्रेष्ठ चन्दनं प्रतिगृह्यताम्।।
ॐ त्वां गन्धर्वा अयनस्त्वमिन्द्रस्त्वां बृहस्पतिः।
त्वामोषधे सोमो राजा विद्धन्वक्ष मादनुच्यत।।
ॐ सिद्धि बुद्धि सहिताय महागणपतये नमः, गन्धं समर्पयामि।

**अक्षत**

अक्षतांश्च सुरश्रेष्ठ कुंकमोक्ताः सुशोभितः।
मया निवेदिता भक्त्या गृहाण परमेश्वरः।।
ॐ अक्षन्नमीमदन्तः ह्येव प्रिया अधूषत।
अस्तोषत स्वमानके प्रिया नविष्यमतौ योजान्विन्दतेहरि।

ॐ सिद्धि बुद्धि सहिताय महागणपतये नमः, अक्षतान् समर्पयामि।

**पुष्पमाला**

माल्यादीनि सुगन्धीनि मालत्यादीनि वै प्रभो।
मया हृतानि पुष्पाणि गृह्यतां पूजनाय भोः।।
ॐ औषधिः प्रतिमोदध्वं पुष्पवतीः प्रसूवतीः।
अश्वा दव सजित्वरीर्वारुधः पारशिष्णवः।।

ॐ सिद्धि बुद्धि सहिताय महागणपतये नमः, पुष्पमालां समर्पयामि।

मन्दार-पुष्प

वग्दा रूजनमन्दार मन्दार प्रिये धीपते।
मन्दारजानि पुष्पाणि श्वेतार्कादीन्युपेहि भोः।।
ॐ सिद्धि बुद्धि सहिताय महागणपतये नमः मन्दार पुष्पाणि समर्पयामि।

शमी-पत्र

त्वत्प्रियाणि सुपुष्पाणि कोमलानि शुभानि वै।
शमीदलानि हेरम्य गृहाण गणनायक।।
ॐ य इन्द्राय वचोभुजा ततक्षुर्मनसा हरी। शमीभिर्मभसाशत्।
ॐ सिद्धि बुद्धि सहिताय महागणपतये नमः, शमी पत्राणि समर्पयामि।

दूर्वा

दूर्वाङ्कुरान् सुहरितामम्तान् मंगलप्रदान्।
आनीतांस्त्वपूजार्थं गृहाण गणनायक।।
ॐ काण्डात्काण्डात् प्ररोहन्ति पुरुषः परुषस्परि।
एवा नो प्रतनु दूर्वे सहस्रेण शतेन च।।
ॐ सिद्धि बुद्धि सहिताय महागणपतये नमः दूर्वांकुरान् समर्पयामि।

सिन्दूर

सिन्दूरं शोभनं रक्तं सौभाग्यं सुखवर्धनम्।
शुभदं कामदं चैव सिन्दूरं प्रति गृह्यताम्।।
ॐ सिन्धोरिव प्राध्वने शूधनासो वातप्रमियः पतयन्ति यह्वाः।
घृतस्य धारा अरुषो न वाजी काष्ठा मिन्दग्नूर्मिभिः पिन्वमान्।
ॐ सिद्धि बुद्धि सहिताय महागणपतये नमः, सिन्दूरं समर्पयामि।

अबीर गुलालादि

नाना परिमलैर्द्रव्यैर्निर्मितं चूर्णमुत्तमम्।
अबीर नामकं चूर्णं गन्धाढ्यं चारु गृह्यताम्।।
ॐ अहिरिव भोगैः पर्येति वाहुं ज्याता हेतिं परिवाधमानः।
हस्तघ्नो विश्वा वयुनानि विद्वान् पुमान् पुमा ᳚ परिपातु विश्वतः।

ॐ सिद्धि बुद्धि सहिताय महागणपतये नमः, नाना परिमल द्रव्याणि समर्पयामि।

**दशांग धूप**

वनस्पितिरसोद्भूतो गन्धाढ्यो गन्ध उत्तम।
आघ्रेयः सर्वदेवानां धूपोऽयं प्रतिगृह्यताम्।।

ॐ धूरसि धूर्व धूर्वन्तं त्वं योऽस्मान्धूर्वति त धूर्वयं वयं धुर्वामिः।
देवानामसि वह्नितम ७ सरिन्नभं पमतिमं जुष्टतमे देव हुतम्।

ॐ सिद्धि बुद्धि सहिताय महागणपतये नमः, धूपमाघ्रापयामि।

**दीप-दर्शन**

साज्यं च वर्ति संयुक्तं वधिना योजितं मया।
दीपं गृहाण देवेश त्रैलोकतिमिरनाशकम्।।
भक्त्यां दीपं प्रयच्छामि देवाय परमात्मने।
त्राहि मां निर्याद् धोराद्दीप ज्योतिर्नमोऽस्तुते

ॐ अग्नि ज्योतिर्ज्योतिरग्निः स्वाहा। सूर्योज्योतिर्ज्योतिः सूर्यः स्वाहा। अग्निर्वचो ज्योतिर्वचः स्वाहा। सूर्यो सूर्यो ज्योतिर्वचः स्वाहा। ज्योतिः सूर्यः सूर्यो ज्योतिः स्वाहा।

ॐ सिद्धि बुद्धि सहिताय महागणपतये नमः, दीपं दर्शयामि।

**नैवेद्य**

नैवेद्यं गृह्यताम् देव भक्ति मे ह्यचलां कुरु।
ईप्सितं मे वरं देहि परत्र च परां गतिम्।।
शर्करा खण्ड खाद्यानि दधिक्षीर घृतानि च।
आहारं भक्ष्य भोज्यं च नैवेद्यं प्रति गृह्यताम्।।

ॐ नाभ्या ऽऽसीदन्तरिक्ष ७ शीर्ष्णो द्यौः समवर्तत्।
पद्भ्यां भूमिर्दिशः श्रोतांत्तथा लोकांऽअकल्पयन्।
ॐ प्राणाय स्वाहा।
ॐ अपानाय स्वाहा।
ॐ समानाय स्वाहा।
ॐ उदानाय स्वाहा।
ॐ व्यानाय स्वाहा।

ॐ सिद्धि बुद्धि सहिताय महागणपतये नमः, नैवेद्यं मोदकं ऋतु फलानि च समर्पयामि।

ॐ सिद्धि बुद्धि सहिताय महागणपतये नमः, आचमनीयं मध्यपानीयं, उत्तरापोशंनं च समर्पयामि।

चन्दन

ॐ चन्दन मलयोद्भूतं कस्तूर्यादिसमन्वितम्।
करोद्वर्तनकं देव गृहाण परमेश्वर।।
ॐ अ ꣳ सुना ते अ ꣳ शुः पृच्यता परुषा परुः।
गन्धस्ते सोम भवतु मदाय रसो अच्युतः।

ॐ सिद्धि बुद्धि सहिताय महागणपतये नमः, चन्दनेन करोद्वर्तनं समर्पयामि।

पूंगीफल व ताम्बूल

ॐ पूंगीफलं महद्दिव्यं नाग वल्लीदलैर्युतम्।
एलाचूर्णादि संयुक्तं ताम्बूलं प्रतिगृह्यताम्
ॐ यत्पुरुषेण हविषा देवा यज्ञमतन्वत।
वसन्तोऽस्यासीदाज्यं ग्रीष्म इध्मः शरद्धविः।

ॐ सिद्धि बुद्धि सहिताय महागणपतये नमः, मुख वासार्थमेलापुंगीफलादि सहितं ताम्बूलं समर्पयामि।

नारिकेल फल

इदं फलं मया देव स्थापितं पुरतस्तव।
तेन मे सफलावाप्तिर्भवेज्जमनि जन्मनि।।
ॐ याः फलिनीर्या अफला अपुष्पा याश्च पुष्पिणीः।
बृहस्पति प्रसूस्तातो मंचन्त्व ꣳ हसः।।

ॐ सिद्धि बुद्धि सहिताय महागणपतयेनमः, नारिकेलफलं समर्पयामि।

दक्षिणा

हिरण्यगर्भ गर्भस्थ हेम बीजं विभावसो।
अनन्त पुण्य फलदामतः शान्ति प्रयच्छ मे।।

ॐ हिरण्य गर्भ समवर्तताग्रे भूतस्य जातः पतिरेक आसीत्।
स दाधार पृथिवीं द्यामुतेमां कस्मै देवाय हविषा विधेम।।

ॐ सिद्धि बुद्धि सहिताय महागणपतये नमः, कृताया। पूजांया साद्रव्यार्थं द्रव्य दक्षिणां समर्पयामि।

आरती

कदली गर्भ सम्भूतं कर्पूरं तु प्रदीपितम्।
आरतिकर्ममहं कुर्वे पश्य मे वरदो भवः।।

ॐ इदं हवि प्रजननं मे अस्तु, दशवीर ७ सर्वगतं स्वस्तये आत्मसनि प्रजासनि पशुसनि लोकसन्यभयसनि। अग्निः प्रजां बहुलां मे करोत्वन्नं पयोरेतो अस्मासु धत्त।।

आ रात्रि पार्थिवुं रजः पितुरप्रामि धामाभिः।
देव सदांसि बृहती तिष्ठस आ त्वेषं वर्तते तमः।।

ॐ सिद्धि बुद्धि सहिताय महागणपतये नमः, कर्पूर नीराजनं समर्पयामि।

**पुष्पांजलि**

नाना सुगन्धि पुष्पाणि यथा कालोद्भवानि च।
पुष्पांजलिर्मया दत्तो गृहाण परमेश्वर।।

ॐ यज्ञेन यज्ञमयन्त देवास्तानि धर्माणि प्रथमान्यासन्।
तेह नाकं महिमानः सचन्त यत्र पूर्वे साध्याः सन्ति देवाः।।

ॐ गणानां त्वा गणपति ७ हवामहे प्रियाणां त्वा प्रियपति ७ हवामहे निधीनां त्वा निधिपति ७ हवामहे वसो मम। आहमजानि गर्भधना त्वमजासि गर्भधम्।।

ॐ अम्बे अम्बिकेऽम्बालिके न मा नयति कश्चन्।
ससस्त्य श्वकः सुभद्रिकां काम्पील वासिनीम्।।

ॐ राजाधिराज प्रसह्य साहिने नमो वयं वैश्रवणाय कुर्महे।
समेकामान् काम कामाय मह्यं कामेश्वरो वैश्रवणो ददातु।
कुबेराय वैश्रणवाय महाराजाय नमः।

ॐ स्वस्ति सामाज्यं भोज्यं स्वराज्यं वैराज्यं पारमेष्ठ्यं राज्यं महाराज्यमाधिपत्यमयं समन्तर्पयामि स्यात् सार्वभौमः सार्वायुवान्तादापरार्धात् पृथिव्ये समुद्रपर्यन्ताया एकाराडिति तदप्येष श्लोकोऽभिगीतो मरुतः परिवेष्टारो मरुतस्यावसन् गृहे। आवीक्षितस्य कामप्रेर्विश्वेदेवा, सभासद इति।

ॐ विश्वतश्चक्षुरुत विश्वतोमुखो विश्वतो बाहुरत वितस्पात्।
सम्बाहुभ्यां धमति सम्पतत्रेर्द्यावाभूमि जनयन एकः।

ॐ सिद्धि बुद्धि सहिताय महागणपतये नमः, मन्त्र पुष्पांजलिं समर्पयामि।

**प्रदक्षिणा**

यानि कानि च पापानि ज्ञाताज्ञात कृतानि च।

तानि सर्वाणि नश्यन्ति प्रदक्षिणा पदेपदे।।

ॐ मे तीर्थानि प्रचरन्ति सृकाहस्ता निषंगणः तेषां ऋ सहस्त्रयोज नेव धन्वानि तन्मसि।

ॐ सिद्धि बुद्धि सहिताय महागणपतये नमः, प्रदक्षिणां समर्पयामि।

**विशेषार्घ्यं**

रक्ष रक्ष गणाध्यक्ष रक्ष त्रैलोक्य रक्षका।
भक्तानामभयं कर्ता त्राता भव भवार्णवात्।।
द्वेमातुर कृपासिन्धो पाण्मातुराग्रज प्रभो।
वरदस्त्वं वरं देहि वांछितम् वांछितार्थद।।
अनेन सफलार्घ्येण सफलोऽस्तु सदा मम।।

ॐ सिद्धि बुद्धि सहिताय महागणपतय नमः, विशेषार्घ्यं समर्पयामि।।

**प्रार्थना**

विघ्नेश्वराय वरदाय सुरप्रियाय।
लम्बोदराय सकलाय जगद्धिताय।।
नागाननाय श्रुति यज्ञ विभूषिताय।
गौरी सुताय गणनाथ नमो नमस्ते।।
भक्तार्तिताशनपराय गणेश्वराय।
सर्वेश्वराय शुभदाय सुरेश्वराय।।
विद्याधराय विकटाय च वामनाय।
भक्त प्रसन्न वरदाय नमो नमस्ते।।
नमस्ते ब्रह्म रूपाय विष्णुरूपाय ते नमः।
नमस्ते रुद्र रूपाय कटि रूपाय ते नमः।।
कवश्व रूपस्वरूपाय नमस्ते ब्रह्मचारिणे।
भक्तप्रियाय देवाय नमस्तुभ्यं विनायक।।
लम्बोदर नमस्तुभ्यं सततं मोदकप्रिय।
निर्विघ्नं कुरु मे देव सर्व कार्येषु सर्वदा।।
त्वां विघ्न शत्रु दलनेति च सुन्दरेति।
भक्त प्रियेति सुखदेति फलप्रदेति।।
विद्या प्रदेत्यघहरोति च ये स्तुवन्ति।
तेभ्यो गणेश वरदो भव नित्यमेव।।
गणेश पूजने कर्म यनूनमधिकं कृतम्।

तेन सर्वेण सर्वात्मा प्रसन्नोऽस्तु सदा मम।।
अनया पूजया सिद्धि बुद्धि सहितो महागणपतिः प्रीयतां न मम।

## शिव-पूजन

**ध्यान**

ध्याये नित्यं महेशं रजतगिरिनिभं चारुचन्द्रावतंसं।
रत्नाकल्पोज्ज्वलांग परशुमृगवराभीति हस्तं प्रसान्नं।
पदासीनं समन्तात् स्तुतिममरेणव्यधृतिं वसानं
विश्ववाधं विश्ववन्द्यं निखिल भयहरं पंचवक्त्रं त्रिनेत्रम्।।
स्वच्छ स्वर्णपयोदं मौतिकजपावर्णेर्मुखेः पंचभिः
त्र्यक्षरचितमीशमिन्दुमुकुटं सोमेश्वराख्यं प्रभुम्।
शूलैटंक कृपाणवज्रदहनान्-नागेन्द्रघंटाकुशान्
पाशं भीतिहरं उधानभमिताकल्पोज्ज्वलांगं भजे।

**सद्योजात स्थापन**

पश्चिमं पूर्णचन्द्राभं जगत् सृष्टिकरोज्ज्वलम्।
सद्योजात यजेत् सौम्य मन्दस्मित मनोहरम्।।

**वामदेव स्थापना**

उत्तरंविद्रुमप्रख्य विश्वस्थितिकरं विभुम्।
सविलासं त्रिनयनं वामदेवं प्रपूजयेत्।।

**अघोर स्थापन**

दक्षिणं नील जीमूतप्रभं संहारकारकम्।
वक्रभ्रू कुटिलं घोरमघोराख्यं तमर्चयेत्।।

**तत्पुरुष स्थापन**

यजेत् पूर्वमुखं सौम्यं बालार्क सदृशप्रभम्।
तिरोधानकृत्यपरं रूढं तत्पुरुषाभिधम्।।

**ईशान स्थापन**

ईशानं स्फटिक प्रख्य सर्वभूतानुकम्पितम्।
अतीव सौम्यमोंकार रूपं ऊर्ध्वमुखं यजेत्।।
ॐ उमामहेश्वराभ्यां नमः, ध्यानं समर्पयामि।

**आवाहन**

ॐ नमस्ते रुद्रमन्यव उतो त इषवे नमः।

बाहुभ्यामुत ते नमः
एह्येहि गौरीश पिनाकपाणे शशांकमौलेवृषभारूढम्।
देवाधिदेवेश महेश नित्यं गृहाण पूजां भगवन् नमस्ते।।
आवाहयामि देवेशमरादिमध्यान्तमर्पितम्।
आधारं सर्वलोकानामाश्रिताथ प्रदायिनम्।।
ॐ उमामहेश्वराभ्यां नमः आवाहनं समर्पयामि।
अक्षत छिड़क दें।

आसन

ॐ यतो रुद्र शिवातनूरघोरा पापनाशिनी।
तयास्तन्वा शन्तमया गिरिशन्ताभिचाकशीहि।।
विश्वात्मने नमस्तुभ्यं चिदम्बरनिवासिने।
रत्नसिंहासनं चारु ददामि करुणानिधे।।
ॐ उमामहेश्वराभ्यां नमः, आसनार्थ पुष्पं समर्पयामि।
पुष्प चढ़ावें।

पाद्यं

ॐ यामिषुंगिरिशन्त हस्ते विभर्ष्यस्तवे।
शिवांगिरिशतंकरूमाहि ᳲ सी पुरुषन्तजगत्।।
नमः शर्वाय सोमाय सर्वमंगल हेतवे।
तुभ्यं संप्रददे पाद्यं श्री कैलाश निवासिने।।
ॐ उमामहेश्वराभ्यां नमः, पादयोः पाद्यं समर्पयामि।
चरणों में जल अर्पित्त करें।

अर्घ्य

ॐ शिवेन वचसात्वा गिरिशाच्छावदामसि।
यथानः सर्वमिज्जगदयक्ष्य ᳲ सुमनाऽअसत्।।
अनर्घफलदात्रे च शास्त्रे वैवस्वतस्य च।
तुभ्यमर्घ्यं प्रदास्यामि द्वादशान्त निवासिने।।
ॐ उमामहेश्वराभ्यां नमः, हस्तयोरर्घ्यं समर्पयामि।
अर्घ्यपात्र में गन्धाक्षतपुष्प के साथ जल लेकर चढ़ावें।

आचमन

ॐ अद्ध्यवोच दधिवक्त्रा प्रथमो दैव्यो विषक्।
अहीश्यसर्वान्जभयन्त्सर्वाश्चयातुधान्योधराचीः परासुव।

ॐ उमामहेश्वराभ्यां नमः, आचमनीयं जलं समर्पयामि।

छः बार आचमन करें।

स्नान

ॐ असोयस्ताम्रोऽरुण उतब्रभ्रुः सुमंगलः।
ये चेन ७ रुद्राअभितोदिक्षुश्रिताः सहस्त्रशोवेषस ७ हेडऽइमहे।
गंगाक्लिन्नजटाभार सोमसोमार्धशेखर।
नद्या मया समानीतैः स्नानं कुरु महेश्वर।।

ॐ उमामहेश्वराभ्यां नमः, स्नानीयं जलं समर्पयामि। स्नानान्ते आचमनीयं जलं समर्पयामि।

घण्टा वादन करें व स्नान करावें।

पयस्नान

ॐ पयः पृथिव्याम्पयऽओषधीषु पयोर्द्विप्यन्तरिक्षे पयोधाः।
पयस्वतीः प्रदिशः सन्तु मह्यम्।

ॐ उमामहेश्वराभ्यां नमः, पयः स्नानं समर्पयामि।

ॐ शुद्धवालः सर्वशुद्धवालो मणिवालस्तेआश्विनः। श्वेतः श्वेताक्षौरुणस्ते रुद्राय पशुपतये कर्णायामा अवलिप्ता रौद्रा नभोरूपाः पार्जन्याः।

ॐ उमामहेश्वराभ्यां नमः, शुद्धोदकस्नानं समर्पयामि। शुद्धोदक स्नानान्ते आचमनीयं जलं समर्पयामि।

पयः स्नानान्ते शुद्धोदकस्नानं समर्पयामि।

पहले दूध व फिर जल से स्नान करावें।

दधि-स्नान

ॐ दधिक्राव्णो अकारिषं जिष्णोरश्वस्य वाजिनः।
सुरभि नो मुखा करत् प्रण आयु ७ षितारिषत्।

ॐ उमामहेश्वराभ्यां नमः, दधिस्नानं समर्पयामि।

ॐ शुद्धवालः सर्वशुद्धवालो मणिवालस्त आश्विन। श्वेतः श्वेताक्षौ रुणस्ते रुद्राय पशुपतये कर्णायामा अवलिप्ता रौद्रा नभोरूपाः पार्जन्याः।

ॐ उमामहेश्वराभ्यां नमः, शुद्धोदक स्नानं समर्पयामि। शुद्धोदक स्नानान्ते आचमनीयं जलं समर्पयामि।

पहले दही व फिर जल से स्नान करावें।

**घृतस्नान**

ॐ घृतं मतिक्षे घृतम्मस्य योर्निधत्ते श्रितोघृतम्वस्य धाम। अनष्वधमावह मादयस्व स्वाहाकृतं वृषभवक्षिहव्यम्।

ॐ उमामहेश्वराभ्यां नमः, घृतस्नानं समर्पयामि। घृत स्नानान्ते शुद्धोदक स्नानं समर्पयामि।

ॐ शुद्धवालः सर्वशुद्धवालो मणिबालस्त्त आश्विनः। श्वेतः श्वेताक्षौरुणस्ते रुद्राय पशुपतये कर्णायामा अवलिप्ता रौद्रा नभोरूपाः पार्जन्याः।

ॐ उमामहेश्वराभ्यां नमः, शुद्धोदकस्नानं समर्पयामि। शुद्धोदकस्नानान्ते आचमनीयं जलं समर्पयामि।

पहले घी व फिर जल से स्नान करावें।

**मधुस्नान**

ॐ मध्वाता ऋतायते मधुक्षरन्ति सिन्धवः। माध्वीर्नः सन्त्वोषधीः। मधुनक्तमुतोषसो मधुमत्पार्थिव ঌ रजः। मधुंद्यौरश्रतुन पिता। मधु मान्नो वनस्पतिर्मधमां अस्तु सूर्यः। माध्वीरर्गावोभिवन्तु नः।

ॐ उमामहेश्वराभ्यां नमः, मधुस्नानं समर्पयामि। मधुस्नानान्ते शुद्धोदक स्नानं समर्पयामि।

ॐ शुद्धवालः सर्वशुद्धवालो मणिवालस्त्त आश्विनः। श्वेतः श्वेताक्षौरुणस्ते रुद्राय पशुपतये कर्णायामा अवलिप्ता रौद्रा नभोरूपाः पार्जन्याः।

ॐ उमामहेश्वराभ्यां नमः, शुद्धोदकस्नानं समर्पयामि। शुद्धोदकस्नानान्ते आचमनीयं जलं समर्पयामि।

पहले शब्द व फिर जल से स्नान करावें।

**शर्करा स्नान**

ॐ अपा ঌ रसमुद्वयस ঌ सूर्ये सन्त ঌ समाहितम्। अपा ঌ रसस्यो रसस्त वा गृह्याम्यूतममुपयाम गृहीतोसीन्द्रायत्वाजुष्टं गृहाम्येषते योति रिन्द्रायत्वा जुष्टतमतम्।

ॐ उमामहेश्वराभ्यां नमः, शर्करास्नानं समर्पयामि। शर्करा स्नानान्ते शुद्धोदक स्नानं समर्पयामि।

ॐ शुद्धवालः सर्वशुद्धवालो मणिवालस्त्त आश्विनः। श्वेतः श्वेताक्षौरुणस्ते रुद्राय पशपतये कर्णायामा अवलिप्ता रौद्रा नभो रूपाः पार्जन्याः।

ॐ उमामहेश्वराभ्यां नमः शुद्धोदकस्नानं समर्पयामि। शुद्धोकदस्नानान्ते आचमनीयं जलं समर्पयामि।

पहले चीनी व फिर जल से स्नानं करावें।

## पंचामृत स्नान

ॐ पञ्चनद्यः सरस्वतीमयपिवन्ति सस्त्रोतसः सरस्वती तु पंचधा सो देशेभवत्सरित्।

ॐ उमामहेश्वराभ्यां नमः पंचामृतस्नानं समर्पयामि। पंचामृत स्नानान्ते शुद्धोदक स्नानं समर्पयामि।

ॐ शुद्धवालःसर्वशुद्धवालो मणिवालस्त आश्विनः। श्वेतः श्वेताक्षौरुणस्ते रुद्राय पशुपतये कर्णायामा अवलिप्ता रौद्रा नभोरूपाः पार्जन्याः।

ॐ उमामहेश्वराभ्यां नमः, शुद्धोदकस्नानं समर्पयामि। शुद्धोदकस्नानान्ते आचमनीयं जल समर्पयामि।

पहले पंचामृत व फिर जल से स्नान करावें।

## गन्धोदक स्नान

ॐ गन्धद्वारा दुराधर्षा नित्यपुष्टां करीषिणीम्।
ईश्वरी सर्वभूताना तामिहीपह्वये श्रियम्।
मलयाचलसंभूतं चन्दनागरुंभवम्।
चन्दनं देवदेवेश स्नानार्थं प्रतिगृह्यताम्।।
ॐ उमामहेश्वराभयां नमः, गन्धोदकस्नानं समर्पयामि।
गन्धोदकस्नानान्ते शुद्धोदक स्नानं समर्पयामि।।
पहले गुलाबजल से व फिर जल से स्नान करावें।

## शुद्धोदक स्नान

ॐ शुद्धवालः सर्वशुद्धवालो मणिवालस्त आश्विनः। श्वेतः श्वेताक्षौरुणस्ते रुद्राय पशुपतये कर्णायामा अवलिप्ता रौद्रा नभोरूपाः पार्जन्याः।

ॐ उमामहेश्वराभ्यां नमः, शुद्धोदक स्नानं समर्पयामि। शुद्धोदक स्नानान्ते आचमनीयं जलं समर्पयामि।

घण्टा वादन करके जल से स्नान करावें व फिर आचमन करावें।

**वस्त्र**

ॐ असो योवर्सपति नीलग्रीवो विलोहितः। उतैनंगोपाऽअदृशन् नृदृश्रन् नुदहाजैः सदषटोमृडयति नः।

दिगम्बर नमस्तुभ्यं गजाजिनधराय च।
व्याघ्रचर्मोत्तरीयाय वस्त्रयुग्मं ददाम्यहम्।।

ॐ उमामहेश्वराभ्यां नमः, वस्त्रोपवस्त्रं समर्पयामि।
आचमनीयं जलं समर्पयामि।

**यज्ञोपवीत**

ॐ नीलग्रीवाय सहस्राक्षाय मीदुषे। अथोयेऽअस्य सत्वानोहन्तेभ्योकरन्नम्।

ॐ उमामहेश्वराभ्यां नमः, यज्ञोपवीतं समर्पयामि। आचमनीयं जलं समर्पयामि।

**सुगन्ध द्रव्य**

ॐ त्र्यंम्बकं यजामहे सुगन्धिम्पुष्टिवर्द्धनम्।
उर्वारुकमिवबन्धनात् मृत्योर्मुक्षीयभामृतात्।।
ॐ उमामहेश्वराभ्यां नमः, सुगन्ध द्रव्यं समर्पयामि।
भगवान को इत्र लगाएं।

**भस्म**

अग्निहोत्र समुद्भूतं विरजाहोमपाजितम्।
गृहाण भस्म हे स्वामिन् भक्तानां भूमिदायकः।।
ॐ उमामहेश्वराभ्यां नमः, भस्मं समर्पयामि।
भस्म अर्पित करें।

**गन्ध**

ॐ प्रमुश्चधन्वनस्त्वमुभयोरात्न्योर्ज्याम्।
याश्चते हस्तऽइषवः पराता भगवोवप।
ॐ उमामहेश्वराभ्यां नमः भस्मं समर्पयामि।
चन्दन चढ़ावें।

**अक्षत**

ॐ अक्षन्नमीनदन्तह्वप्रियाऽअघषत। अस्तोषतस्वभानति विप्रान्न विष्टुयामती योजान्। विन्द्रतेहरी।

अक्षतान् धवलान देवसिद्धगन्धर्व पूजितम्।

सुन्दरेश नमस्तुभ्यं गृहाण वरदो भव।।

ॐ उमामहेश्वराभ्यां नमः, अक्षतान् समर्पयामि।

अक्षत चढ़ावें।

**पुष्प**

ॐ विज्जयन्धनुः कपर्दिनो विशल्यो बाणंवाऽउत। अनेकाशन्नत्यअनेकशन्नस्ययाऽइषव आभुरस्यनिषगंधिः।

तुरीयवनसंभूतं परमानन्दसौरभम्।

पुष्पं गृहाण सोमेश पुष्पचाप विभंजन।।

ॐ उमामहेश्वराभ्यां नमः पुष्पाणि समर्पयामि।

**बिल्वपत्र**

ॐ नमो बिल्विने च कवचिने च नमो वश्रिणे च वरुथिने च नमः शृताय च श्रुतसेनाय च नमो दुन्दुभ्यरयचाह्नन्याय च।

त्रिदलं त्रिगुणाकारं त्रिनेत्रं च त्रिधायुतम्।।

त्रिजन्मपाप संहारमेकं बिल्वं समर्पणम्।

दर्शनं बिल्वपत्रस्य स्पर्शनं पापनाशनम्।

अघोर पाप संहारमकं बिल्व शिवार्पणम्।।

**अंगपूजा**

ॐ भवाय नमः पादो पूजयामि। ॐ जगात्पित्र नम जंघे पूजयामि। ॐ मृडाय नमः जानुर्नी पूजयामि। ॐ रुद्राय नमः उरू पूजयामि। ॐ कालान्तकाय नमः कटिं पूजयामि। ॐ नागेन्द्राभरणाय नमः नाभिं पूजयामि। ॐ स्तव्याय नमः स्तनो पूजयामि। ॐ भवनाशनाय नमः भुजान् पूजयामि। ॐ कालकंठाय नमः कंठं पूजयामि। ॐ महेशाय नमः मुखं पूजयामि। ॐ लास्यप्रियाय नमः ललाटं पूजयामि। ॐ शिवाय नमः शिरं पूजयामि। ॐ प्रणतार्तिहराय नमः सर्वाण्यंगानि पूजयामि।

प्रत्येक बार गंधाक्षतपुष्प से सम्बन्धित अंग को घर्षित करें।

**अष्ट पूजा**

ॐ शर्वाय क्षितिमूर्तये नमः, ॐ भवाय जलमूर्तये नमः, ॐ रुद्राय अग्निमूर्तये नमः, ॐ उग्राय वायुमूर्तये नमः, ॐ भीमाय आकाश मूर्तये नमः, ॐ ईशानाय सूर्यमूर्तये नमः, ॐ महादेवाय सोममूर्तये नमः, ॐ पशुपतये यजमान मूर्तये नमः।

प्रत्येक बार गन्धक्षतपुष्प, बिल्वपत्र अर्पित करें।

## परिवार पूजा

ॐ उमायै नमः, ॐ शंकरप्रियायै नमः, ॐ पार्वत्यै नमः, ॐ काल्यै नमः, ॐ कालिन्धै नमः, ॐ कोटिदेव्यै नमः, ॐ विश्वधारित्र्यै नमः, ॐ गंगा देव्यै नमः, नववितीन पूजयामि सर्वोपकारायै गन्धाक्षतपुष्पाणि समर्पयामि।

प्रत्येक बार गन्धाक्षतपुष्प अर्पित करें।

ॐ गणपतये नमः, ॐ कार्तिकेयाय नमः, ॐ पुष्पदन्ताय नमः, ॐ कपर्दिने नमः, ॐ भैरवाय नमः, ॐ भूलपाधये नमः, ॐ चण्डेशाय नमः, ॐ दण्डपाणये नमः, ॐ नन्दीश्वराय नमः, ॐ महाकालाय नमः, सर्वान् गणाधिपान् पूजयामि, सर्वोपचारार्थे गन्धाक्षतपुष्पाणि समर्पयामि।

ॐ अघोराय नमः, ॐ पशुपतये नमः, ॐ शर्वाय नमः, ॐ विरूपाक्षाय नमः, ॐ विश्वरूपये नमः, ॐ त्र्यम्बकाय नमः, ॐ कपर्दिने नमः, ॐ भैरवाय नमः, ॐ शूलपाणये नमः, ॐ ईशानाय नमः, एकादशरुद्रान् पूजयामि, सर्वोपचारार्थे गन्धाक्षतपुष्पाणि समर्पयामि।

## सौभाग्यद्रव्यं

ॐ अहिरीव भोगैः पर्येति बाहुनज्यावा हेतिम्परिवाधमानः।
हस्तघ्नो विश्वावयुनान् विद्वान् पुमान् पुमा ७ समपरिपातुविश्वतः।।
हरिद्रां कुंकुम चैव सिन्दूरं कज्जलान्वितम्।
सौभाग्यद्रव्यंसंयुक्तं गृहाण परमेश्वर।।

ॐ उमामहेश्वाभ्यां नमः, सौभाग्यद्रव्याणि समर्पयामि।

अबीर गुलाल आदि चढ़ावें।

## धूप

ॐ याते हेतीर्मोदुष्टम हस्ते वभूव ते धनुः। तयानस्मान्विश्वस्त्व मयक्ष्मया परिभुजः

ॐ उमामहेश्वराभ्यां नमः धूप आघ्रापयामि।

अगरबत्ती जलायें।

## दीप

ॐ परिते धन्वनो हेतिरस्मानवृणकन्तुविश्वतः।

अथोयऽइषिधिस्त वारेऽअस्मन्निधेहितम्।
साज्यंवर्तियुक्तं दीपं सर्वमंगलकारकम्।
समर्पयामि पश्येद सोमसूर्याग्निलोचनम्।
ॐ उमामहेश्वराभ्या नमः दीपं दर्शयामि।

प्रज्वलित दीपक पर घंटावादन करते हुए अक्षत छोड़ दें।

**नैवेद्य**

नैवेद्य के ऊपर बिल्वपत्र या पुष्प प्रोक्षण करते हुए रुद्र गायत्री बोलें—

ॐ तत्पुरुषाय विधमहे महादेवाय धीमहि तन्नो रुद्रः प्रचोदयात्।

फिर नैवेद्य पर धेनुमुद्रा दिखाते हुए निम्नांकित मन्त्र बोलें—

ॐ अवतत्य धनुष्टव ७ सहस्त्रक्षतशतेषुधे। नीशीर्य शल्यानामुख शिवो नः सुमना भव।

नैवेद्यं षड्रसोपेतं विषाणत् घृतान्वितम्।
मधुक्षीरापूपयुक्तं गृह्यतां सोमशेखर।।
ॐ याः फलिनीर्याऽफलाऽपुष्पा याश्चपुष्पिणीः।
बृहस्पतिप्रसूस्नातो मुञ्चत्व ७ हसः।
यस्य स्मरण मात्रेण सफला सन्ति सत्क्रियाः।
तस्य देवस्य प्रीत्यर्थं इयं ऋतुफलार्पणम्।।

ॐ उमामहेश्वराभ्यां नमः, नैवेद्य निवेदयामि, नाना ऋतुफलानि च सर्पयामि।

फिर ग्राममुद्रा से निम्नांकित उच्चारण करें—

ॐ प्राणाय स्वाहा, ॐ अपानाय स्वाहा, ॐ व्यानाय स्वाहा, ॐ उदानाय स्वाहा, ॐ समानाय स्वाहा।

ॐ उमामहेश्वराभ्यां नमः, आचमनीयं समर्पयामि, पूजापोषणं समर्पयामि।

ॐ उमामहेश्वराभ्यां नमः, मध्ये पानीयं समर्पयामि नैवेद्यान्ते आचमनीयं समर्पयामि, उत्तरापोषनं समर्पयामि, हस्तप्रक्षालनं समर्पयामि, मुखप्रक्षालनं समर्पयामि।

ॐ उमामहेश्वराभ्यां नमः करोद्वर्जनार्थे चन्दनं समर्पयामि।

भगवान के हाथों में चन्दन अर्पित करें।

**ताम्बूल**

ॐ नमस्तु आयुधानातताव धृष्णवे। उमाभ्यामुत ते नमो

बाहुभ्यान्तव धन्वने।

ॐ उमामहेश्वराभ्यां नमः, मुखशुद्ध्यर्थे ताम्बूलं समर्पयामि।

**दक्षिणा**

ॐ हरिण्यगर्भः समवर्तताग्रे भूतस्य जातः परिरेकऽआसीत्।
सदाधार पृथिवींद्यामुतेमांकस्मै देवाय हविषा विधेम।

ॐ उमामहेश्वराभ्यां नमः, सांगता सिद्ध्यर्थं हिरण्यगर्भ दक्षिणा समर्पयामि।

**नीराजन**

ॐ इद ᳪ हविः प्रजननम्मे अस्तु दशवीर ᳪ सर्वगण ᳪ स्वस्तये।
आत्मसनि प्रजासनि पशुमनि लोकसन्यभयसनिः।
अग्निः प्रजा बहुलां में करोत्वनपयो रेतोऽस्मासु धत।

**ध्यान करें**

वन्दे देवउमापतिं सुरगुरुं वन्दे जगत्कारणं।
वन्देपन्नगभूषणं मृगधरं वन्दे पशूनांपतिम्।।
वन्दे सपर्यशशांक त्रिनयनं वन्दे मुकुन्दप्रियः।
वन्दे भक्तजनाश्रयं च वरदं वन्दे शिवशंकरम्।।
शान्तं पद्मासनस्थं शशिधरमुकुटं पंचवक्त्रं त्रिनेत्रम्।
शूलं वज्रं च खड्गं परशुमभयदं दक्षिणांगे वहन्तम्।।
नागं पाशं च घंटा डमरुकसहितं सांकुशं वामभागे।
नानालंकारदीप्तं स्फटिकमणिनिभं पार्वतीशं नमामि।।
कर्पूरगौरं करुणावतारं संसारसारं भुजगेन्द्रहारम्।
सदा वसन्तं हृदयारविन्दे भवं भवानीसहितं नमामि।।

ॐ उमामहेश्वराभ्यां नमः नीराजनं दर्शयामि।

## आरती

जय शिव ओंकारा, भज शिव ओंकारा।
ब्रह्मा विष्णु सदाशिव अर्द्धांगी धारा।।
ॐ हर हर हर महादेव।
एकानन चतुरानन पंचानन राजे।
हंसानन गरुड़ासन वृषवाहन साजे।।
ॐ हर हर०

दो भुज चारु चतुर्भुज दशभुज अति सोहे।
तीनों रूप निरखते त्रिभुवन जन मोहे।।

ॐ हर हर०

अक्षमाला वनमाला रुण्डमाला धारी।
त्रिपुरानाथ मुरारी करमाला धारी।।

ॐ हर हर०

श्वेताम्बर पीताम्बर बाघाम्बर अंगे।
सनकादिक गरुड़ादिक भूतादिक संगे।।

ॐ हर हर०

कर मध्ये इक मण्ड्ल चक्र त्रिशूल धर्ता।
सुखकर्ता दुखहर्ता सुख में शिव रहता।।

ॐ हर हर०

काशी में विश्वनाथ विराजे नन्दी ब्रह्मचारी।
नित उठ ज्योत जलावत दिन दिन अधिकारी।।

ॐ हर हर०

ब्रह्मा विष्णु सदा शिव जानत अविवेका।
प्रणवाक्षर ॐ मध्ये ये तीनों एका।।

ॐ हर हर०

त्रिगुण स्वामी की आरती जो कोई नर गावे।
जिनके मन शुद्ध हो जावे, जिनके पाप परा जावे।
जिनके सुख संपति आवे, जिनके दुख दारिद्र्य जावे।
जिनके घर लक्ष्मी आवे।
भजत भोलानन्द स्वामी, रटत शिवानन्द स्वामी
इच्छा फल पावे

ॐ हर हर हर०

जै शिव ॐकारा
मन! भर हर शिव ॐकारा।
मन रट शिव ॐकारा।।
हो शिव भूरी जटा वाला।
हो शिव दीर्घ जटा वाला।।
हो शिव भाल चन्द्र वाला।
हो शिव तीन नेत्र वाला।।

हो शिव ऊपर गंगधारा।
हो शिव बरसत जलधारा।
हो शिव तीव्र नेत्र वाला।
हो शिव बल बिच रुण्ड माला।
हो शिव कम्बु ग्रीव वाला।
हो शिव भष्मी अंग वाला।
हो शिव फणिधर फणवाला।
हो शिव वृषभ स्कन्ध वाला।
हो शिव ओढ़त मृगछाला।।
हो शिव धारण मुण्डमाला।
हो शिव भूत प्रेत वाला।।
हो शिव बैल चढ़ण वाला।
हो शिव पार्वती प्यारा
हो शिव भक्तन हितकारा।।
हो शिव दुष्ट दलन वाला।
हो शिव पीवत भंग का प्याला।।
हो शिव मस्त रहन वाला।
हो शिव दरसन दो भोला।।
हो शिव परसन हो भोला।
हो शिव सरसो जलधारा।।
हो शिव काटो जम फांसा।
हो शिव मेटो जमत्रासा।।
हो शिव रहते मतवाला।
हो शिव ऊपर जलधारा।।
हो शिव ईश्वर ॐकारा।
हो शिव बम-बम भोला

ब्रह्मा विष्णु सदा शिव, भोले भोलेनाथ महादेव।
अर्धांगी धारा ॐ हर हर हर महादेव

जल आरती

ॐ द्यौः शान्तिरन्तरिक्ष ॐ शान्तिः पृथ्वीशान्तिरापः शान्ति रोषधयः शान्ति। वनस्पतयः शान्तिर्विश्वेदेवा शान्ति ब्रह्मः शान्तिः सर्व ॐ शान्तिः शान्तिरेव शान्तिः सा मा शान्तिरेधि।

## प्रदक्षिणा

ॐ मा नो महान्तुमुत जा नोऽअभर्कम्मानऽउक्षन्त मुत मानऽउक्षितम्। मानो वधोः पिरम्मोतमातरम्मानः प्रियास्तन्वोरुद्र रीरिषः।

ॐ उमामहेश्वराभ्यां नमः, प्रदक्षिणां समर्पयामि।

## पुष्पांजलि

ॐ यज्ञेन यज्ञमयजन्त देवास्तानि धर्माणि प्रथमान्यासन्। तेहनाकं महिमानः सचन्त यत्र पूर्वे साध्याः सन्ति देवाः।

ॐ राजाधिराजाय प्रसन्नसाहिने नमो वयं वैश्रवाय कुर्महे समे कामान् कामकामामहम्। कामेश्वरौ वैश्रवणो ददातु। कुबेराय वैश्रवणाय महाराजाय नमः।

ॐ स्वस्ति। साम्राज्यं भोज्यं स्वराज्यं वैराज्यं परमेष्ठ्यं राज्यं महाराज्यमाधिपत्यमयं समन्तपर्यायो स्वात् सार्वभौमः सर्वायुष आन्तादापरार्धात् पृथिव्ये समुद्रपर्यन्तायां एकराडिति तदप्येष श्लोकोऽभिगितो मरुतः परिवेष्टोरो मरुतस्यावसन्गृहे। आविक्षितस्य कामप्रेर्विश्वेदेवाः सभासद इति।

ॐ उमामहेश्वराभ्यां नमः मन्त्र-पुष्पाजलिं समर्पयामि।

## नमस्कार

ॐ नमः शम्भवाय च मयोभवाय च नमः शंकराय च मयस्कराय च नमः शिवाय च शिवतराय च।

तव तत्त्वं न जानामि कीदृशोऽसि महेश्वर।
यादृशोऽसि महादेव तादृशाय नमो नमः।।
त्रिनेत्राय नमस्तुभ्यं उमादेहार्धधारिणे।
त्रिशूलधारिणे तुभ्यं भूतानां पतये नमः।।
गंगाधर नमस्तुभ्यं वृषभध्वज नमोऽस्तु ते।
आशुतोष नमोस्तुभ्यं भूयो-भूयो नमो नमः।।

ॐ निधनपतये नमः। निधनपतान्तिकाय नमः। ऊर्ध्वाय नमः। ऊर्ध्वलिंगाय नमः। हिरण्याय नमः। हिरण्यलिंगाय नमः। दिव्याय नमः। सुवर्णाय नमः। सुवर्णलिंगाय नमः। दिव्याय नमः। दिव्यलिंगाय नमः। भवाय नमः। भवलिंगाय नमः। शर्वाय नमः। शर्वलिंगाय नमः शिवाय नमः। शिवलिंगाय नमः। ज्वाला नमः। ज्वललिंगाय नमः। आत्मरस नमः। आत्मलिंगाय नमः। परमाय नमः। परमलिंगाय

नमः। एतत् सोमस्य सूर्यस्य सर्वलिंग थ्व स्थाप सिपाणि मन्त्रं पवित्रम्।

ॐ उमामहेश्वराभ्यां नमः, नमस्करोमि।

**प्रार्थनापूर्वक क्षमायापन**

आवाहनं न जानामि न जानामि विसर्जनम्।
पूजां चैव न जानामि क्षमस्व परमेश्वर।
मंत्रहीनं क्रियाहीनं भक्तिहीनं सुरेश्वर।
यत पूजितं मया देव परिपूर्णं तदस्तु मे।
यदक्षरं पदं भ्रष्टं मात्राहीनं च यद् भवेत्।
तत् सर्वं क्षम्यतां देव प्रसीद परमेश्वर।।
क्षमस्व देवेदेवेश क्षमस्व भुवनेश्वर।
तव पादाम्बुजे नित्यं निश्चितं भक्तिरस्तु मे।
असारे संसारे निजभजन दूरे जडधिया।
भ्रमन्तं मामन्धं परम-कृपया पातुमुचितम्।
मदन्यः को दीन स्तव कृपण रक्षाति निपुण।
स्त्वदन्यः को वा मे त्रिगति शरण्यः पशुपते।।

**विशेषार्घ्य**

अन्यथा शरणं नास्ति त्वमेव शरण मम।
अस्मात् कारुण्य भावेन रक्ष मां परमेश्वर।।
रक्ष-रक्ष महादेव रक्ष त्रैलोक्यरक्षक।
भक्तानां अभयंकर्ता त्राता भवभवार्णवात्।।
वरद त्वं वरं देहि वांछितार्थ फलप्रद।
अनेक सफलार्घ्येन फलादोस्तु सदा मम।।

ॐ मानस्तोके तनये मानऽआयुषिमानो गोषुनामोऽश्वेषुरीरिषः।
मानो वीरान्रुद्र भामिनो बधीर्हविष्मन्तः सदमित्वाहवामहे।

ॐ उमामहेश्वराभ्यां नमः, विशेषार्घ्यं समर्पयामि।

अर्घ्य-पात्र में जल, गन्धाक्षत-पुष्प, बिल्वपत्र, फल आदि मंगलद्रव्य लेकर भगवान को अर्पित करें।

**समर्पण**

गतं पापं गतं दुःखं गतं दारिद्र्यमेव च।
आगता सुख सम्पत्तिः पुण्याच्च तव दर्शनात्।।
देवो दाता च भोक्ता च देवरूपमिदं जगत्।

**देव जपति सर्वत्र यो देवः सहमेव हि।।**
**साधुवाऽसाधु वा कर्म यद्यदाचरितं मया।**
**तत् सर्वं कृपया देव गृहाणाराधनं मम।।**

शंख या आचमनी का जल देव के दक्ष हस्त में देते हुए समस्त पूजा फल इन्हें समर्पित करें।

**अनेनकृत पूजाकर्मणा श्री संविदात्मकः साम्बसदाशिव प्रीयन्ताम्। ॐ तत् सद् ब्रह्मार्पणमस्तु।**

इसके बाद वैदिक या संस्कृत आरती कर पुष्पांजलि दें।

**आरती किस प्रकार करें—**

शिव आरती में सबसे पहले शिव के चरणों का ध्यान करके चार बार आरती उतारें, फिर नाभि-कमल का ध्यान करके दो बार, फिर मुख का स्मरण करके एक बार तथा सर्वांग की सात बार, इस प्रकार चौदह बार आरती उतारें। इसके बार शंख में या पात्र में जल लेकर घुमाते हुए छोड़ें और निम्न मन्त्र पढ़ें—

**ॐ द्यौः शान्तिरन्तरिक्ष ७ शान्तिः पृथिवी शान्तिरापः शान्तिरोषधयः शान्तिः। वनस्पतयः शान्तिः विश्वेदेवाः शान्तिब्रह्मशान्तिः सर्व ७ शान्तिः शान्तिरेव शान्तिः सामा शान्तिरेधि।**

आरती के बाद भक्ति-भाव से सिर झुकाकर स्तुति करें—

**असितगिरिसमं स्यात्कज्जलं सिंधुपात्रे,**
**सुरतरुवरशाखा लेखनी पत्रमुर्वी।**
**लिखति यदि गृहीत्वा शारदा सर्वकालं**
**तदपि तव गुणामीश पारं न याति।।**
**वन्दे देवउमापतिं सुरगुरुं वन्दे जगत्कारणं,**
**वन्दे पन्नगभूषणं मृगवरं वंदे पशूनाम्पतिम्।**
**वंदे सूर्यशशांक-वह्निनयनं वंदे मुकुंदप्रियं,**
**वन्दे भक्तजनाश्रयं च वरदं वन्दे शिवं शंकरम्।।**
**शातं पद्मासनस्थं शशधर मुकुटं पंचवक्त्रं त्रिनेत्रं।**
**शूलं च खड्गं परशुमभयदं दक्षिणांगे वहन्तम्।।**
**नागं पाशं च घटा डमरुक सहितं सांकुशं वामभागे,**
**नानालंकार युक्तं स्फटिकमणिनिभं पार्वतीशं नमामि।।**

फिर दोनों हाथ में पुष्प लेकर पुप्पांजलि पढ़ते हुए सदाशिव को पुष्प अर्पण करें।

ॐ यज्ञेन यज्ञमयजन्त देवास्तानि धर्माणि प्रथमान्यासन्।
तेहनाकं महिमानः सचन्त यत्र पूर्वे साध्याः सन्तिदेवाः।।
ॐ राजाधिराजाय प्रसन्न साहिने। नमो वयं वैश्रवणाय कुर्महे।
स मे कामान् काम कामायमह्यम्। कामेश्वरो वैश्रवणो ददातु

कुबेराय वैश्रवणाय महाराजाय नमः।।
ॐ स्वस्ति साम्राज्यं भोज्यं स्वराज्यं वैराज्यं
परमेष्ठ्यं राज्यं महाराज्यमाधिपत्यमयं
समन्तपर्यामीस्यात्सार्वभौमः सर्वायुष
आन्तादापरार्धात्पृथिव्यै समुद्र पर्यन्तायां
एकराडिति। तदप्येष श्लोकोऽभिगीतो
मरुतः परिवेष्टारो मरुतस्यावसन् गृहे।।
आविक्षितस्य काम प्रेर्विश्वेदेवाः सभासद इति।

(इति मन्त्र पुष्पांजलिं समर्पय)

**प्रदक्षिणा**

यानि कानि च पापानि ज्ञाताज्ञातकृतानि च।
तानि सर्वाणि नश्यन्ति प्रदक्षिणा पदे पदे।।

## रुद्राभिषेक

**विनियोगः**

श्री गणेशाय नमः।।

ॐ अस्य श्री रुद्राध्याय महामन्त्रस्य अघोर ऋषिः। अमृतानुष्टुप्छंदः। एंकर्षण मूर्ति स्वरूपो योसावादित्त्यः स एव रुद्रो देवता।। ॐ नमस्ते रुद्र इति बीजम्। ॐ नमः शिवाय इति शक्तिः शिवतराय इति कीलकम्। श्री रुद्राध्याय महामन्त्र जपे विनियोगः।।

**ऋष्याविन्यासः**

ॐ अधोर ऋषये नमः शिरसि।। (दाहिने हाथ से सिर का स्पर्श करें)

ॐ अमृतानुष्टुप्छंदसे नमः मुखे।। (दाहिने हाथ से मुख का स्पर्श करें)

ॐ संकर्षण मूर्त्ति स्वरूपो योसावादित्त्यः स एष रुद्रो देवतायै नमः हृदये।। (दाहिने हाथ से हृदय का स्पर्श करें)

**ॐ नमस्ते रुद्र इति बीजाय नमः गुह्ये।।** (गुप्तांग स्पर्श करें)

**ॐ नमः शिवाय इति शक्तये नमः पादयोः।।** (दाहिने हाथ से दोनों पैरों का स्पर्श करें)

**ॐ शिवतराय इति कीलकाय नमः इत्यस्त्रम्।।**

**ॐ श्री रुद्राध्याय जपे विनियोगाय नमः सर्वांगे** (सभी अंग स्पर्श करें)

**करन्यासः**

**ॐ अग्निहोत्रात्मने अंगुष्ठाभ्यां नमः।।** (दोनो हाथ के अंगूठों को तर्जनी अंगुली से दबाएं)

**ॐ दर्श पूर्ण मासात्मने तर्ज्जनीभ्यां नमः।।** (दोनों अंगूठों से तर्जनी को दबाएं)

**ॐ चातुर्मासात्मने मध्यमाभ्यां नमः।।** (दोनों अंगूठों से मध्यमा को दबाएं)

**ॐ ज्योतिष्ठात्मने अनामिकाभ्यां नमः।।** (दोनों अंगूठों से अनामिका को दबाएं)

**ॐ निरुढ़े पशु बन्धात्मने कनिष्ठिकाभ्यां नमः।।** (दोनों अंगूठों से कनिष्ठिका अंगुली को दबाएं)

**ॐ सर्व कर्त्रात्मने करतल करपृष्ठाभ्यां नमः।।** (दोनों हाथों के पृष्ठ व तल भाग परस्पर स्पर्श करें)

**हृदयादिन्यासः**

**ॐ अग्नि होत्रात्मने हृदयाय नमः।।** (दाहिने हाथ से हृदय का स्पर्श करें)

**ॐ दर्श पूर्ण मासात्मने शिरसे स्वाहा।।** (दाहिने हाथ से सिर का स्पर्श करें)

**ॐ चतुर्मासात्मने शिखायै वषट्।।** (शिखा को स्पर्श करें)

**ॐ ज्योतिष्ठात्मने कवचाय हुं।।** (दोनों हाथों से परस्पर भुजा स्पर्श करें)

**ॐ निरुढ़े पशु बंधात्मने नेत्र त्रयाय वौषट्।।** (दाहिने हाथ की प्रथम तीन अंगुलियां नेत्रों के सामने करें)

**ॐ सर्व कर्त्रात्मने अस्त्राय फट्।।** (दाहिने हाथ को शिर पर से घुमाकर बायीं हथेली पर ताली बजायें)

**ध्यान**

**आपातात्मनभस्थलं त्रिभुवनं ब्रह्माण्ड मौलिस्फुरत्**

ज्योतिष्फाटिक लिंग मौलि विलसत् पूर्णेन्दुराकामृतैः।।
अस्त्रोकाप्लुतमेषमेवमनिशं रुद्रानुवाकान् पठन्
ध्याये दीप्सित सिद्धये घृतपदं विप्रोऽभिषिञ्चेच्छिवम्।।
ब्रह्माण्ड व्याप्त देहा यम भसित रुचा भासमाना भुजंगः
कंठे कालाः कपर्दाः किरिटि चरुचिरा छन्द कोदण्ड हस्ताः।
अक्षा रुद्राक्ष माला प्रकटित विभवा शंभवा मूर्ति भेदाः
रुद्राक्षं रुद्र सूक्तं प्रकटित विभवान् नः प्रयच्छन्तु सौख्यम्।।
ॐ प्रालेयामल बिंदु कुंदु धवलं गोक्षीर फेन प्रभं
भस्माभ्यंगमनंग देह दमनं ज्वालावली लोचनम्।
ब्रह्मन्द्रादिमरुद्‌गणैः स्तुति परैरभ्यर्चितं योगिभिर्वंदेऽहं
सकलं कलक रहितं स्थाणोर्मुखं पश्चिमम् (पश्चिम मुख ध्यान)
गौरं कुंकुमपिंजरं सुतिलकं व्यापाण्डुगल्लस्थलं।
भ्रू विक्षेपकटाक्ष वीक्षण लसत् संसिक्तवर्णोत्पलम्।
स्निग्धं बिंब फलीधरं प्रहसितं नीलालकालं कृतं।
वंदे पूर्ण शशाङ्कमण्डलनिभं वक्त्रं रहस्योत्तरम
(उत्तर मुख ध्यान)
ॐ कालाभ्र भ्रमरांजनाचलनिभं व्यावृत्तिपिंगेक्षणम-
र्द्धेदुद्वयनिः सृतांशदशनं प्रोद्‌भिन्न दंष्ट्रा कुरम्।।
सर्प प्रोत कपाल शुक्ति सकलं व्याकीर्ण सच्छेखरं।
वंदे दक्षिणमीश्वरस्य जटिलं भ्रूभंग रौद्रं मुखम्
(दक्षिण मुख ध्यान)
ॐ संवर्ताग्नि तडित्प्रतप्त कनकं संसिद्ध तेजोरुणं।
गंभीरस्मि तनिः सृतोग्रदशनं प्रोद्‌भासिताम्राधरम्।।
बालेन्दु धृति लोल पिंगल जटाभार प्रबाद्धोरगं।
वंदे सिद्ध सुरा सुरैश्च नमितं पूर्वं मुखं शूलिनः।।
(पूर्वमुख ध्यान)
व्यक्ताव्यक्त गुणोत्तरं सुवदनं षड्विंशतत्त्वाधिकम्।
तस्मादूर्द्धवज वक्त्क्षयमिति ध्येयं सदा योगिभिः।।
वंदे तामस वर्जितेन मनसा सूक्ष्माच्च सूक्ष्मं परं।
शान्तं पञ्चममीश्वरस्य वदन संख्यापि तेजोभयम्।।
(इति उर्द्ध्वक्त्र ध्यानम्)
बिना भस्म त्रिपुण्डेण बिना रुद्राक्ष मालया।
पूजितोऽपि महादेवो न स्यात् तस्य फलप्रदः।।

तस्मान्मृदापि कर्तव्यं ललाटे वै त्रिपुंडकम्।

ॐ हुं नमः इति रुद्राक्षान् प्रत्येकं अभिमंत्र्य-मालां धारयेदित्युक्तं तत्रैव।

पूजाधिकारार्थं पञ्चांक्षर जप उक्तस्त्रैव भविष्ये।।

महापातक युक्तोवा मन्त्रास्यास्य जपे यथा।

अधिकारी भवेत् सर्व इति देवोऽब्रवीच्छिवः।।

षड्षष्टी (६६) नील सूक्तं च पुनः षोडश (१६) मेव च।

एष ते (२) नमस्ते द्वे द्वे (२) न तं विद्वय (२) मेव च

मीदुष्टमेति चत्वारि (४) वयं च वसुसंख्यया। शत (१००) रुद्रो

समाख्याता यजुर्वेदेन भाषिता।।

वेद वेदाब्धि रामाश्च राम रामाब्धध्यकैकका।

द्वौ (२) द्वौ (२) मन्त्रौ पृथक् प्रोक्तौ नमके चमके तथा, इत्येव पातं समीचीनम्।

इति ध्यात्वा मानसोपचारैः संपूज्य।

गणनाथः सरस्वती रतिः शुक्रो बृहस्पतिः।

पञ्चैतानि स्मरेन्नित्यं वेदवाणी प्रवर्तते।

हरिः ॐ । माच्छन्दःप्प्रमाच्छन्प्रतिमाच्छन्दोऽअस्त्रीवयश्छन्दः पंक्तिश्छन्दऽउष्णिक्छन्दो बृहती छन्दोनुष्टुप्छन्दो विराट् छन्दो गायत्रीछन्द स्त्रिष्टुप्छन्दो जगती छन्दः। पृथिवीछन्दोन्तरिक्षञ्छन्दो द्यौश्छन्दः समाश्छन्दो नक्षत्राणिच्छन्दो वाक्छन्दो मनश्छन्दः कृषिश्छन्दो हिरण्यञ्छन्दो गौश्छन्दो जाछन्दोश्श्व छन्दः। प्राणाय स्वाहा पानाय स्वाहा व्यानाय स्वाहा।

अम्बेऽअम्बिकेऽम्बालिके न मानयति कश्श्चन।

ससस्त्य श्श्वकः सुभद्द्रिकाङ्काम्पीत्न वासिनीम्।

## प्रथमोध्याय

**गणानान्त्वा गणपति ॐ हवामहे प्प्रियाणान्त्वा प्प्रियपति ॐ हवामहे निधीनान्त्वा निधिपति ॐ हवामहे वसो मम। आहमजानि गर्ब्भधमा त्वमजासि गर्ब्भधम्।**

**अर्थ**—हे गणों के अधिपति गणेश, संसार की समस्त प्रिय वस्तुओं के पालक! हे निधि-रक्षक अर्थात् समस्त निधियों के रक्षक गणपति! आपका हम प्राणी जन आवाहन करते हैं। यह सम्पूर्ण विश्व आपके ही द्वारा बसा हुआ है। सम्पूर्ण व समस्त प्रकृति को

आप गर्भस्थ धारण करने वाले अति सामर्थ्यवान हैं अतः आपको हम पुकार रहे हैं।

**गायत्रीत्रिष्टुप् जगत्यनुष्टुप्पंक्त्या सह।**
**बृहत्युष्णिहा ककुप्सूचीभिः शम्म्यन्तुत्वा।।**

**अर्थ**—जिस प्रकार सुई से सम्बन्ध एक-दूसरे से जोड़ा जाता है। उसी प्रकार पंक्ति छन्द के साथ हम गायत्री, त्रिष्टुप्, जगती, अनुष्टुप, बृहती, उष्णिहा, ककुप छन्दों की याद द्वारा अपनी सुख शान्ति, समृद्धि के लिए आपको पुकारते हैं।

**द्विपदा याश्चतुष्पदास्त्रिपदा याश्च षट्पदाः।**
**विच्छन्दायाश्च्च सच्छन्दाः सूचीभिः शम्म्यन्तु त्वा।।**

**अर्थ**—एक से दूसरे में सम्बन्ध जोड़ने में प्रसिद्ध सुई के ही समान हम काव्याशास्त्र के छन्दों एवं विशेष वैदिक छन्दों से युक्त दो पदों एवं चार पदों वाली तथा तीन पदों और छः पदों वाली स्तुतियों से आपको स्मरण करते हैं, पुकारते हैं, जिससे हमारे सभी दोषों का, दुरितों का शमन हो।

**सह स्तोमाः सह छंद सऽआवृतः सह प्रमा ऋषयः सप्तदैव्याः।**
**पूर्व्वेषाम्पंथामनुदृश्य धीरा अन्वालेभिरे रत्थ्यो न रश्श्मीन्।।**

**अर्थ**—स्वतन्त्रता, स्वच्छन्दता के साथ दिव्यता और वास्तविक, यथार्थ ज्ञान को प्राप्त करने वाली सांसारिक विषयों से पराङ्मुख, मन और आत्मा के अधीन होकर पांच ज्ञानेन्द्रियां प्रभु की प्रशंसायुक्त स्तुतियां गा रही हैं। जिस प्रकार रथ हांकने वाला घोड़े की लगाम को नियंत्रित कर रथ को ठीक दिशा में ले जाता है, ठीक उसी प्रकार आत्मा रूपी रथ हांकने वाला इस देह रूपी रथ पर मन रूपी लगाम को पकड़कर अर्थात् अपने अधीन कर प्रभु की स्तुति में लगा रहा है। पूर्व पुरुषों ने भी जैसे इसी मार्ग का अनुसरण किया व ऐहिक तथा पारलौकिक लाभ प्राप्त किया है। इसी विषय को लेकर मन की शक्ति को आगे स्पष्ट बताया है।

**यज्जाग्ग्रतो दूरमुदैति दैवन्तदु सुप्तस्य तथैवेति।**
**दूरङ्गमज्ज्योतिषाज्ज्योतिरेकन्तन्नमे मनः शिव संकल्पमस्तु।।**

**अर्थ**—हे प्रभु! जाग्रतावस्था में जो मेरा मन बहुत दूर तक चला जाता है वह इन्द्रियों का प्रकाश होने से सोते हुए भी दूर-दूर के देशों को प्राप्त कर लेता है, वह ज्योतियों का एक मात्र ज्योति वाला मेरा मन कल्याणकारी संकल्प वाला हो।

येन कर्म्माण्यपसो मनीषिणे यज्ञे कृण्वन्ति व्विदथेषुधीरा।
यद पूर्व्व य्यक्षमन्तः प्प्रजानान्तन्मे मनः शिव संकल्पमस्तु।।

**अर्थ**—हे प्रभो! धर्मात्मा, मननशील, विद्वद्‌जन यज्ञ एवं अन्यान्य, उन्नतिकारक, श्रेष्ठ कर्मों, कार्यों में क्रियाशील होकर जिन कर्मों को करते हैं उनके एवं प्राणी मात्र के अन्दर स्थित अपूर्व शक्तिशाली मेरा मन पवित्र संकल्प वाला बने।

यत्प्रज्ञानमुत चेतो धृतिश्च्च यज्ज्योतिरन्तर मृतम्प्रजा सु।
यस्मान्नऽऋते किञ्चन कर्म्म क्रियते तन्मे मनः शिवसंकल्पमस्तु।

**अर्थ**—हे प्रभो! जो प्रकृष्ट ज्ञानी, धैर्यवान् एवं समस्त प्राणियों में प्रकाश स्वरूप है, जिसके अभाव में संसार में कोई कर्म होना संभव नहीं है, ऐसे गुणों वाला मेरा मन सकल्पवान् बने।

येनेदम्भूतम्भुवनम्भविष्यत्परिगृही तम मृतेन सर्व्वम्।
येन यज्ञस्तायते सप्त होता तन्मे मनः शिव संकल्पमस्तु।।

**अर्थ**—जिस सुख स्वरूप मन से इस समस्त संसार के वर्तमान, भूत, भविष्यत् त्रिकाल का ज्ञान होता है और जो आत्मा और पांच प्राणों के साथ मिलकर सदा सप्त होता के रूप में यज्ञ का विस्तार करता है, इन गुणों वाला मेरा मन शिव संकल्प वाला बने।

यस्मिन्नृचः साम यजू ꣳ षियस्मिन्प्रतिष्ठिता रथना भाविवाराः।
यस्म्मिश्चित्त ꣳ सर्व्व मोतग्प्रजानान्तन्मे मनः शिव संकल्पमस्तु।।

**अर्थ**—जिस प्रकार रथ के पहिए के मध्य में काष्ठ का टुकड़ा लगा रहता है, जिसके आधार पर पहिया घूमता है, ठीक उसी प्रकार मन के साथ भी ऋग्वेद, यजुर्वेद, सामवेद, अथर्ववेद प्रतिष्ठित हैं। जिसमें प्राणों एवं संसार के समस्त पदार्थों का ज्ञान समाहित है, ऐसा मेरा मन शुभ विचारों वाला हो।

सुषारथिरश्श्वा निवयन्म्मनुष्ष्यान्नेनीयते भीशुभिर्व्वाजिन ऽ इव।
हृत्प्रतिष्ठं य्यदाजिरञ्जविष्ठन्तन्मे मनः शिव संकल्पमस्तु।।

**अर्थ**—जैसे श्रेष्ठ सारथी घोड़ों को अपने वश में रखकर यथागन्तव्य स्थान पर पहुंचाता है, ठीक उसी प्रकार यह मन भी मनुष्य मात्र को बुद्धि द्वारा कार्यों में प्रवृत्त करता है। जैसे चंचल और वेगवान घोड़ों को सवार लगाम द्वारा अपने नियन्त्रण में रखता है, उसी प्रकार हमारे शरीर में प्रतिष्ठित आत्मा, बुद्धिरूपी रस्सियों में मन को नियन्त्रित करता है। हृदय में स्थित क्षीणतादि दोषों से रहित अत्यन्त वेगवान यह मेरा मन शुभ संकल्पशील बने।

# द्वितीयोऽध्यायः

**ॐ सहस्त्रशीर्षा पूरुषः सहस्त्राक्षः सहस्त्रपात्।**
**स भूमि ७ सर्व्वतस्पृत्वात्यतिष्ठद्दशांगुलम्।।**

**अर्थ**—वह परमपिता परमात्मा समस्त सचराचर संसार का स्त्रष्टा होने के कारण असंख्य सिरों, आंखों और असंख्य पैरों वाला है। वह पृथ्वी मण्डल में यत्र-यत्र सर्वत्र व्यापक होते हुए भी नाभि से दस अंगुल ऊपर हृदय पटल में साक्षी रूप में अवस्थित है।

**पुरुषऽएवेद ७ सर्व्वय्यद् भूतं य्यच्च भाव्व्यम्।**
**उतामृतत्त्वस्येशानो यदन्नेनातिरोहति।।**

**अर्थ**—वह परमात्मा ही तो भूत, भविष्यत् और वर्तमान काल में स्थित इस सचराचर को उत्पन्न करने वाला हैं। मोक्ष सुख का वही कारण और अन्नादि से बढ़ने वाले प्राणियों का स्वामी भी वही है।

**एतावानस्य महिमातोज्ज्यायांश्च पूरुषः।**
**पादोस्य व्विश्श्वा भूतानि त्रिपादस्यामृतन्दिवि।।**

**अर्थ**—यह ब्रह्माण्ड उस परमपिता परमेश्वर की ही महिमा को प्रकट कर रहा है, वह परमात्मा इस ब्रह्माण्ड से भी बढ़कर और सीमातीत अर्थात् असीम है। संसार के समस्त प्राणी उस ईश्वर के एक पाद अर्थात् एक अंश मात्र हैं। शेष तीन चरण उसके अविनाशी और प्रकाशवान् स्वरूप में स्थित रहते हैं।

**त्रिपादूर्द्ध्वऽउदैत्पुरुषः पादोस्येहा भवत्पुनः।**
**ततो व्विष्ष्वङ् व्यक्रामत्साशनानशनेऽअभि।।**

**अर्थ**—परमात्मा अपने तीनों अंशों में स्थित सर्वोत्तम एवं सर्वोत्कृष्ट मुझसे भी परे है। वह निज एक अंश से इस संसार की उत्पत्ति, स्थिति और प्रलय करता रहता है। संसार के जड़ और चेतन मार्ग में वह सर्वत्र व्यापक है।

**ततो व्विराड्जायतव्विराजोऽअधि पूरुषः।**
**सजातोऽअत्यरिच्यत पश्च्चाद् भूमिमथोपुरः।।**

**अर्थ**—उसी पूर्ण परमपिता परमात्मा से यह विशाल ब्रह्माण्ड उत्पन्न हुआ है अर्थात् ब्रह्माण्ड की उत्पत्ति उसी से हुई है। उस पर यह परमात्मा अधिष्ठाता रूप से स्थित है। वह इस उत्पन्न हुए संसार में पूर्व विद्यमान था और संसार से पृथक् रहता है। वह बाद में भूमि को उत्पन्न करता है।

तस्मादयज्ञात् सर्वहुतः सम्भृतम्पृषदाज्यम्।
पशूंस्तांश्चक्रे वायव्यानारण्याग्ग्राम्म्याश्च्चये।।

**अर्थ**—सबसे आवाहनीय और पूजनीय उस परमात्मा ने दही, घी आदि योग्य पदार्थ पैदा किये हैं। उसी ने जंगल में सिंह और गांव में गायादि पशु और नभचर पक्षी आदि उत्पन्न किये हैं।

तस्माद्यज्ञात्सर्वहुतऽऋचः सामानिजज्ञिरे।
छन्दा ७ सिजज्ञिरे तस्माद्द्यजुस्तस्मादजायत।।

**अर्थ**—सबसे आवाहनीय एवं पूजनीय उस यज्ञ पुरुष परमात्मा से चारों वेद अर्थात् ऋग्वेद, यजुर्वेद, सामवेद, अथर्ववेद की उत्पत्ति हुई है।

तस्मादश्वाऽअजायंत ये केचोभयादतः।
गावोह जज्ञिरे तस्मात्तस्माज्जाताऽअजावायः।।

**अर्थ**—उस परमात्मा से ही मुंह के भीतरी भाग में जबड़े दोनों ओर दांत वाले घोड़े, गर्दभ आदि तथा एक ओर दांत वाले गौ आदि पशु एवं बकरी, भेड़ आदि पशु उत्पन्न हुए हैं।

त य्यज्ञम्बर्हिषिप्प्रौक्षन्नपुरुषञ्जात मग्ग्रतः।
तेन देवा अयजन्त साध्याऽऋषयश्च्च ये।।

**अर्थ**—जो विद्वान्, योगी और सिद्धादि पुरुष सृष्टि से पूर्व प्रतिष्ठित् आवाहनीय परमात्मा को मानस यज्ञ में आहूत करते हैं, वे ही सच्चे रूप से उसकी पूजा करते हैं। वही सबका उपास्य भी हैं।

यत्पुरुषंव्व्यधुः कतिधा व्व्यकल्पयन्
मुखङ्किमस्या सीत्किंबाहू किमूरू पादाऽउच्च्येते।।

**अर्थ**—इस विशाल ब्रह्माण्ड रूपी विराट् पुरुष की किस तरह और कितने प्रकार से परिकल्पना की गई है? इसका मुख, इसकी भुजा, इसकी जिह्वा जंघा और पैर कौन से कहे गये हैं।

ब्राह्मणोस्य मुखमासीद्वाहू राजन्न्यः कृतः।
ऊरुतदस्य यद्वैश्श्यः पद्भ्यां ७ शूद्रोऽअजायत।।

**अर्थ**—इस ब्रह्माण्ड रूपी विराट् पुरुष का ब्राह्मण मुख है और क्षत्रिय भुजायें हैं, जङ्घायें वैश्य और शूद्र पैर हैं।

चन्द्रमा मनसो जातश्च्चक्षोः सूर्य्योऽअजायत।
श्रोत्रा द्वायुश्च्चप्राणश्च्च मुखादग्निरजायत।।

**अर्थ**—इस विराट् पुरुष का मन है चन्द्रमा और सूर्य नेत्र हैं। कान वायु और प्राण है तथा विराट् पुरुष का मुख अग्नि है।

**नाभ्याऽआसीदन्तरिक्ष ᳯ शीर्ष्णो द्यौः समवर्त्तत।**
**पद्भ्यां भूमिर्द्दिशः श्रोत्रात्तथाल्लोकां ऽअकल्पयन्।।**

**अर्थ**—उस विराट् पुरुष की नाभि से अन्तरिक्ष लोक, शिर से द्यु लोक, पैरों से पृथ्वी लोक, कानों से दसों दिशाएं (पूर्व, पश्चिम, उत्तर, दक्षिण, अग्निकोण, वायव्यकोण, नैऋत्यकोण, ईशान कोण, आकाश, पाताल) उत्पन्न हुईं, वैसे ही उसने (परमात्मा) अन्य लोकों का भी निर्माण किया।

**यत्पुरुषेण हविषा देवा यज्ञमतन्वत।**
**व्वसन्तोस्या सीदाज्ज्यं ग्रीष्मऽइध्मः शरद्धविः।।**

**अर्थ**—विद्वान् देव पुरुष जब उस परमात्मा के साथ मानसिक यज्ञानुष्ठान का विस्तार करते हैं तब वसन्त ऋतु घृत, ग्रीष्म ऋतु समिधाएं और शरद् ऋतु हवि रूप होती हैं।

**सप्तास्यासन्परिधयस्त्रिः सप्त समिधः कृताः।**
**देवा यद्दयज्ञन्तन्वानाऽ अबघ्नन्पुरुषम्पशुम्।।**

**अर्थ**—देवता लोग जिस मानस यज्ञ का विस्तार कर अपने हृदयों में सर्वद्रष्टा परमात्मा को अधिष्ठित करते हैं तब गायत्री सात छन्द उसकी परिधि, बारह मास, छः ऋतुएं, सत्य, रज, तम, तीन गुण सब मिलकर २६ समिधाएं होती हैं।

**यज्ञेनयज्ञमयजन्त देवास्तानि धर्म्माणि प्प्रथमान्यासन्।**
**तेह नाकम्महिमानः सचंत यत्र पूर्व्वे सद्याः सन्ति देवाः।।**

**अर्थ**—पूर्वोक्त देवताओं ने सर्वप्रथम अन्नादि रूप में मुख्य धर्म युक्त मानस यज्ञ के द्वारा परमात्मा का यजन किया, जिससे महानता के साथ इस संसार से उन्होंने मुक्ति सुख को प्राप्त किया जैसा कि इससे पहले भी सिद्ध योगी आदि प्राप्त करते रहे हैं।

**अद्भ्यः सम्भृतः पृथिव्ये रसांच्च व्विश्श्वकर्म्मणः समवर्त्तत्याग्रे।**
**तस्य त्वष्टा व्विदधद्द्रूपमेति तन्मर्त्यस्य देवत्त्वमाजानमग्ग्रे।।**

**अर्थ**—जिस पृथ्वी, सूर्यादि के रस से पुष्ट यह सचराचर जगत निर्मित होता है, इस जगत को सूक्ष्म और नियम मे चलाने वाला वह ईश्वर है, जिसे सर्व प्रथम उत्कृष्ट कर्म करने वाला प्राप्त कर सकता है।

**व्वेदाहमेतम्पुरुषम्महान्तमादित्यवर्ण तमसः परस्तात्।**
**तमेव व्विदित्वातिमृत्युमेति नान्न्यः पंथा व्विद्द्यतेयनाय।।**

**अर्थ**—साक्षात् कृतधर्मा ऋषि कहते हैं कि मैं उस महान् पुरुष स्वरूप परमेश्वर के स्वरूप को जानता हूं जो अविद्या रूपी अन्धकार से रहित है और सूर्य के समान अत्यन्त तेजोमय है। इन लक्षणों वाले परमेश्वर के स्वरूप को जानकर ही संसार के मृत्यु इत्यादि बन्धनों से छूटकर मोक्ष रूपी सुख को प्राप्त कर सकता है। मुक्ति को प्राप्त करने के लिए अन्य कोई भी मार्ग इसके अलावा नहीं है।

**प्रजापतिश्च्चरति गर्ब्भेऽअंतर जायमानो बहुधा व्विजायते।**
**तस्य योनिम्परिपश्श्यति धीरास्तस्मिन हत्तस्त्थुर्व्भुवनानि व्विश्श्वा।।**

**अर्थ**—वह परमपिता परमेश्वर अजन्मा होते हुए भी स्थावर और जंगम सम्पूर्ण संसार में सर्व व्यापक होने के कारण गतिशील है। विद्वान् ज्ञानी लोग उसको अनेक प्रकार से जानते हैं और उसके स्वरूप को संसार में देखते हैं। उसी असीम परमात्मा के स्वरूप में समस्त लोक स्थित है।

**यो देवेभ्यऽआतपति यो देवानाम्पुरोहितः।**
**पूर्व्वो यो देवेब्भ्यो जातो नमो रुचाय ब्राह्मये।।**

**अर्थ**—जो सूर्य अन्नादि तथा दिव्य ओषधियों के लिए तपता है, जो पृथ्वी तत्त्व के लिए हितकारी रूप से प्रथम उत्पन्न हुआ उसके कारण रूप परमात्मा को नमस्कार है।

**रुचम्ब्राह्मञ्जनयंतो देवाऽअग्ग्रे तदब्ब्रुवन्।**
**यस्त्वैवम्ब्राह्मणो व्विद्द्यात्तस्य देवा ऽ असन्न्वशे।।**

**अर्थ**—उत्कृष्ट ब्रह्म संबंधी ज्ञान को प्रकट करने वाले विद्वान् जिन्हें कहते हैं उसको यथा विधि प्राप्त करने वाले ब्राह्मण के देवता भी वश में रहते हैं।

**श्रीश्च्च ते लक्ष्म्मीश्च्च पत्न्न्यावहोरात्त्रे पार्श्वेनक्षत्त्राणि रूप मश्विनौ व्व्यात्तम्।**

**इष्ष्णन्निषाणा मुम्मइष्षाण सर्व्वलोकम्म ऽ इषाण।।**

**अर्थ**—हे परमेश्वर शोभा और सम्पत्ति आपकी दो स्त्रियों के समान हैं, दिन-रात आपके आगे पीछे हैं। सूर्य, चंद्रमा और अन्यान्य नक्षत्र आपका खुला हुआ मुख रूप हैं। आप हमारे इच्छित सुखों को हमें प्राप्त कराइये।

# तृतीयोऽध्यायः

**ॐ आशुः शिशानोव्वृषभो न भीमो धनाधनः क्षोभणश्च्चर्षणीनान्।**
**सङ्क्रंदनो निमिषऽएक वीरः शतथ्ठ सेना ऽ अज यत्साकमिंद्रः।।**

**अर्थ**—सिंह के समान शीघ्रता में भयंकर गर्जना के साथ अपने शत्रुओं पर टूट पड़ने वाला और उनको कंपाने एवं रुलाने वाला एक ही वीर हमारी सेनाओं का सेनापति हो जो सैकड़ों ही सैनिकों को एक साथ जीतने वाला हो।

**संक्रंदनेनानिमिषेण जिष्णुना युत्त्कारेण दुश्च्यवनेनघृष्णुना।**
**तदिंद्रेण जयत तत्सहदद्ध्वंय्युधो नर ऽ इषुहस्तेनव्वृष्ना।**

**अर्थ**—हे योद्धाओ! निरन्तर उत्साह और पराक्रम युद्ध कला द्वारा हाथों में ग्रहण किए हुए शस्त्रों से शत्रुओं का संहार करते हुए सेनापति के साथ विजय प्राप्त करो।

**स ऽ इषु हस्तैः सनिषंगिभिर्व्वशी सथ्ठस्त्रष्टा सयुध ऽइंद्रो गणेन।**
**स थ्ठ सृष्टजित्सोमपाबांहुशर्द्ध्युग्रधन्वा प्रतिहिताभिरस्ता।।**

**अर्थ**—अपने योद्धा सैनिकों के साथ शत्रुओं को वश में करने वाला सेनापति अपने बाहुबल एवं शस्त्रास्त्र बल से शत्रुओं को जीतता हुआ हमारी रक्षा करे।

**बृहस्पते परिदीयारथेन रक्षोहा मित्रां २ ऽपबाधमानः।**
**प्रभञ्जन्त्सेनाः प्रभृणो युधाजयन्नस्म्माकमेद्ध्यविता रथानाम्।।**

**अर्थ**—हे सेनापति! तुम दुष्ट शत्रुओं का संहार करके उनकी सेना को समूल नष्ट कर देने वाले हो। युद्ध में अपने रथ से प्रहार कर सब ओर के शत्रुओं को सब ओर से काटकर हमारी रक्षा करो।

**बलविज्ञायस्त्थविरः प्प्रवीरः सहस्वान्न्वाजी सहमान ऽउग्ग्रः।**
**अभिवीरोऽ अभिसत्त्वा सहोजा जैत्रमिंद्ररथमातिष्ठ गोवित्।।**

**अर्थ**—हे सेनापति! तुम अपनी सेना के उत्कृष्ट, सहिष्णु और अति वेगवान् दुष्टों के दमन करने वाले कुशल सैनिकों को भली प्रकार जानते हो। इसलिए उन जयशील वीरों को अपने साथ लेकर, शत्रुओं को नष्ट करके विजय प्राप्ति के लिए अपने रथ पर आरूढ़ हो।

**गोत्त्रभिदङ्गोविंदव्वज्ज्रबाहुञ्जयन्तमज्मप्प्रमृणतमोजसा।**
**इमथ्ठ सजाताऽ अनुवीरयद्ध्वमिंद्रथ्ठ सखायोऽअनुसथ्ठ रमद्ध्वम्।**

अर्थ—हे मनुष्यो! वज्र के समान हाथों वाला सेनापति शत्रुओं के समूह को नष्ट कर उनकी भूमि को जीतने वाला है। हम सब एक साथ मिलकर मित्रवत् उसकी प्रशंसा करते हुए उनका उत्साह-वर्धन करें।

**अभिगोत्त्राणि सहसा गाहमानोदयोव्वीरः शतमन्न्युरिंद्रः।**
**दुश्चयवनः पृतनाशाऽयुद्धोस्म्माक ७ सेनाऽअवतु प्रयुत्सु।।**

**अर्थ**—जो सेनापति क्रोध से शत्रुओं के समूहों को निर्दयतापूर्वक एकदम नष्ट कर वीरता दिखाता है और जो हथियार डाल देने वाले अर्थात् आत्म-समपण करने वाले अबध्य योग्य की रक्षा करता है वही हमारा सेनापति हो।

**इंद्रऽआसान्नेता बृहस्पतिर्द्दक्षिणा यज्ञः पुरऽएतु सोमः।**
**देवा सेना नामभिभञ्जती नाञ्जयंतीणाम्मरुतो यंत्वग्ग्रम्।।**

**अर्थ**—शत्रु सेना का संहार कर, विजय श्री प्राप्त करने वाली श्रेष्ठ सेना का सेनापति और उच्चाधिकारी आगे, पीछे, मध्य में, दाएं, बाएं सभी ओर से सेना का उत्साह बढ़ाते हुए वायु वेग के समान ही झपट कर विजयश्री प्राप्त करें।

**इन्द्रस्यव्वृष्णो व्वरुणस्य राज्ञ ऽ आदित्यानाम्मरुता७ शर्द्धऽउग्ग्रम्।**
**महामनसाम्भुवनच्चवानांघोषो देवानाञ्जयतामुदस्थात्।**

**अर्थ**—हमारा सेनापति सर्वोत्कृष्ट, सर्वोत्तम पराक्रमी, भली प्रकार अनुशासित और आत्म संयमी होवे। जब यह युद्ध के लिए सेना के साथ उपस्थित हो, तब युद्ध में विजय के लिए नभ तक को गुंजाने वाले जयघोष और रणभेरियां बजाकर उनका उत्साह बढ़ाया जाय।

**उद्धर्षय मघवन्नायुधान्नयुत्त्सत्त्वनाम्मामकानाम्मना ७ सि।**
**उद्धत्यहन्वाजिनां व्वाजिनान्नयुद्धथानाञ्जयंता यंतु घोषाः।।**

**अर्थ**—युद्ध में विजय हेतु हमारे शस्त्र अत्यन्त उन्नत प्रकार के हों, जो अत्यन्त वेग से शत्रुओं का संहार कर सकें। हमारे घोड़े और रथादि अत्यन्त श्रेष्ठ हों। युद्ध में विजय के लिए हमारे वीर गगनभेदी जय घोष से सेनापति का उत्साह बढ़ावें।

**अस्म्माकमिंद्रः समृतेषुद्धजष्ष्वस्म्मा कंथ्याऽइष वरता जयंतु।**
**अस्म्माकंव्वीराऽउत्तरे भवन्त्वस्म्मांश्ऽउदेवाऽअवताहवेषु।।**

**अर्थ**—हमारे सैनिक एवं सेनापति के भिन्न-भिन्न चिह्नों वाली

ध्वजाएं हों। हमारे वीर युद्ध के अन्त में विजयश्री प्राप्त करने वाले हों, उनके शस्त्रास्त्र भी विजय प्रदान करने में सहायक हों। श्रेष्ठ जन युद्धों में हमारी रक्षा करें।

**अमीषाञ्चित्तम्प्रतिलोभयन्ती गृहाणाङ्गान्यप्प्वेपरेहि।**
**अभिप्रेह्हिनिर्दघ्हत्सु शोकैरन्धेनमित्रास्तमसा सचताम्।।**

**अर्थ**—हे अप्वे! शत्रु सेना के चित्त को लुभायमान करती हुई उनके अंगों को शिथिल कर दे। उनके हृदयों में प्रवेश पाकर उन्हें जला एवं उन्हें अज्ञान एवं अन्धकार युक्त कर दे।

**अवसृष्ठा परापत शरव्येब्ब्रहम्म स ध्व शिते।**
**गच्छामित्रान्प्र द्यस्व मा मीषाङ्क्ञ्चनोच्छिषः।।**

**अर्थ**—भली प्रकार विधिवत् रूप से तैयार किए हुए बाण एवं अन्य शस्त्रों द्वारा सेना पर टूट कर गिरो और वहां शत्रुओं का संहार करो और किसी को भी मत छोड़ो, ऐसा करो।

**प्रेता जयतानरऽइन्द्रो वः शर्म्मयच्छतु।**
**उग्प्रा वः सतु बाहवोना धृष्ष्या यथासथ।।**

**अर्थ**—हे वीरो! आप शत्रुओं पर शीघ्रता से आक्रमण करो और विजय श्री प्राप्त करो। तुम्हारी भुजायें हृष्ट-पुष्ट हों। ईश्वर तुम्हें सुख दें।

**असौ य्या सेना मरुतः परेषामब्भ्यैति नऽ ओजसा स्प्पर्द्धमाना।**
**तां गूहत सापव्व्रतेन यथामीऽअन्योऽअन्नयन्नजानन्।।**

**अर्थ**—हे मरुदगण! यह जो शत्रु सेना ईर्ष्या के वशीभूत हमारी ओर बढ़ती आ रही है उसे प्रचण्ड वायु वेग से ढक दो जिससे वे परस्पर एक-दूसरे को जान नहीं सकें।

**यत्र बाणाः सम्पतंति कुमारा विशिखाऽइव।**
**तन्नऽइंद्रो बृहस्प्पतिरदितिः शर्म्म यच्छतुव्विश्श्वाहा शर्म्म यच्छतु।।**

**अर्थ**—शिखाविहीन बालकों के समान जो टोलियों में इधर-उधर भागते रहते हैं। उसी तरह युद्ध के मैदान में बाण आदि गिरते रहते हैं। वहां सेनापति सबकी रक्षा कर उन्हें सुख दें।

**मर्म्माणिते व्वर्म्मणा छादयामि सोमस्त्वा राजामृतेनानुवस्ताम्।**
**उरोर्व्वरीयोव्वरुणस्ते कृणोतु जयतं त्वानुदेवा मदतुं।।**

**अर्थ**—हे राजन्! तुम्हारी सेना के निर्बलता रूपी मर्मों को मैं कवच द्वारा ढक देता हूं। सोम उसे अमृत से पूर्ण करें। वरुण उसे उत्कृष्ट बनायें। श्रेष्ठ लोग विजय पर प्रसन्न हों।

# चतुर्थोऽध्यायः

**व्विभ्राड् बृहत्पिबतु सोम्म्यम्मद्धवायुर्द्द धद्यज्ञपतावविहुतम्।**
**व्वात तूतो योऽअभिरक्षति त्वमना प्रजाः प्पुपोष पुरुधाव्विराजति।।**

**अर्थ**—हे सूर्य भगवान्! यज्ञपतियों में श्रेष्ठ आयु को प्राप्त करते हुए मधुर सोमरस का आप पान करें। आप अत्यन्त ही वेगवान वायु से प्ररित होकर प्रकाशादि गुण से जन-मानस को, प्रजा की पुष्ट करें।

**उदुत्यञ्जातवेदसं देव व्वहन्ति केतवः।**
**दृशे विश्श्वाय सूर्य्यम्।।**

**अर्थ**—संसार में सभी उत्पन्न प्रदार्थों के कारण एवं संसार के लिए दृश्यमान सूर्य को उसकी किरणें ऊपर अन्तरिक्ष में प्रकट करती हैं।

**येना पावक चक्षसा मुख्यन्तञ्जनां २ अनु।**
**त्वं व्वरुण पश्यसि।।**

**अर्थ**—हे वरणीय सूर्य! जिस प्रकाश से आप प्राणियों का पालन करते हैं उसी प्रकाश से आप हमारा भी पालन करें।

**दैव्व्यावद्धवर्य्युऽआगत ७ रथेन सूर्य्य त्वया।**
**मद्ध्वा यज्ञ ७ ऽसमञ्जाथे तम्प्रत्क्नथायं व्वेनश्चित्रं देवानाम्।।**

**अर्थ**—हे अश्नीकुमारो! सूर्य की कांति के समान दिव्य रथ से आकर आप यज्ञ की मधुरता की रक्षा करें।

**तम्प्रत्क्नथा पूर्व्वथा व्विश्श्वथे मथाज्ज्येष्ठता तिम्बर्हिषद७ स्वर्व्विदम्।**
प्रतीचीनं व्वृजनंदोहसे धुनिमाशुञ्जयन्तामनु यासु वर्द्धसे।।

**अर्थ**—हे इन्द्र! जैसे, जिस तरह प्राचीन ऋषि, महर्षि पूर्वकाल एवं वर्तमान काल के यजमान आपकी स्तुति द्वारा वृद्धि को प्राप्त होते रहे हैं, उसी प्रकार हम आपकी स्तुति कर रहे हैं। आप हमारे शत्रुओं को कंपित कर हमें विजयी बनायें और हमारी वृद्धि करें।

**अयं व्वेनश्चोदयतपृश्निगर्ब्भाजज्योतिर्ज्जरायू रजसो व्विमाने।**
**इममपा ७ संगमे सूर्य्यस्य शिशुन्त व्विप्प्रा मतिभी रिहंति।।**

**अर्थ**—यह प्रकाशक चन्द्रमा सूर्य की सहायता से पृथ्वी से रसों को लेकर वर्षणशील मेघों को पहुंचाता है इसलिए सूर्य मेघ रूपी शिशु का पिता और द्युलोक माता के समान हैं।

**चित्रं देवानामुदगादनीकञ्चक्षुम्मित्यस्य व्वरुण स्याग्नेः।**

आप्रा द्यावापृथिवीऽअंतरिक्ष ४ सूर्य्यऽआत्मा जगतस्तस्थु षश्च्च

**अर्थ**—चित्र वरुण और अग्नि आदि देवों का तेज रूप यह सूर्य चक्षु के सदृश्य है, जो उदित होकर द्युलोक, पृथ्वी लोक व अन्तरिक्ष को प्रकाशित करता है। तेजोमय यह सूर्य स्थावर और जंगम या आत्मा के समान है।

**आ न ऽ इडाभिव्विदथे सुशस्ति व्विश्वा नरः सविता देवऽएतु।**
**अपि यथा युवानो मत्सथानो व्विश्वव्ञ्जगदभिषित्त्वे मनीषा।।**

**अर्थ**—सबक हितकर्ता सूर्य! हमारे शुभ यज्ञादि कर्मों में स्तुतियों द्वारा प्राप्त हों। हे देवो! आपको जिस प्रकार हम तृप्त करते हैं, ठीक वैसे ही आप भी हमारे समस्त जनों को अन्नादि द्वारा तृप्त करें।

**यदद्द्य कच्च व्वृत्रहन्नुदगाऽअभि सूर्य्य।**
**सर्व्वं तदिद ते व्वशे।।**

**अर्थ**—हे अन्धकार भंजक सूर्य! आप जहां उदय होते हैं। वहां सब आपके अधीन रहते हैं।

**तरणिर्व्विश्वदर्शतो ज्ज्योतिष्कृदसि सूर्य्य।**
**व्विश्श्वमाभासि रोचनम्।।**

**अर्थ**—हे प्रकाशक सूर्य! आप समस्त विश्व के प्रदर्शक एवं भवसागर से पार उतारने वाले हैं। आप ही समस्त ब्रह्माण्ड को सुशोभित करते हैं।

**तत्सूर्य्यस्य देवत्वं तन्महित्वम्मद्धया कर्त्तोर्व्वितत ४ सञ्ज भार।**
**यदेदयुक्त हरितः सधस्त्थादाद्द्रात्यी व्वासस्तनुतेसिभस्मै।।**

**अर्थ**—यह सूर्य का देवत्व व महिमा है कि वह विस्तृत जगत को अपने से व्याप्त कर लेता है। जब सायंकाल सूर्य अपनी हरित किरणों को आकाश से समेटता है, रात्रि अपने कृष्ण वस्त्र को मानो विस्तृत करती है।

**तन्निमत्त्रस्य व्वरुणस्याभिचक्षे सूर्य्यो रूपंकृणुते द्दयोरुपस्थे।**
**अनंत मन्न्यदद्दुशदस्य पाजः कृष्ण मन्न्यद्धरितः सम्भरन्ति।।**

**अर्थ**—द्युलोक की गोद में सूर्य मित्र और वरुण का रूप धरकर संसार को देखता रहता है। इसके शुक्ल और कृष्ण दो रूप हैं, अनन्त शक्ति और अपरिमित तेज से यह सबको धारण करता है।

**बण्महां २ ऽअसि सूर्य्य बड़ादित्य महां २ ऽअसि।**

**महस्ते सतो महिमापनस्यतेद्धा देव महांश्ऽअसि।।**

**अर्थ**—हे सूर्य! आप सत्य स्वरूप और महान् हैं। हे आदित्य! आप सत्यज्ञान वाले और महान् स्वरूपवान हैं। आपके महान् सत्यशील दिव्य तेज की लोगों द्वारा स्तुति की जा रही है कि आप सचमुच में अत्यन्त महान् हैं।

**श्रायन्तऽइव सूर्य्यं वि २ २ वेदिंद्रस्य भक्षत।**
**व्वसूनि जाते जनमानऽओजसाप्रति भागन्न दीधिम।।**

**अर्थ**—सूर्य के आश्रित जन समस्त ऐश्वर्यों का भोग प्राप्त करते हैं उत्पादन में सहायक उदित सूर्य के तेज से हम सब अपने-अपने भाग की तरह उन ऐश्वर्य धनों को चाहते हैं।

**अद्या देवाऽउदिता सूर्य्यस्य निर ॐ हसः पिपृतानिरवद्यात्।**
**तन्नो मित्त्रो व्वरुणो मा महंता मदितिः सिंधुः पृथिवीऽउतद्यौ।।**

**अर्थ**—हे देवो! आप हमें उगते हुए सूर्य के समान निष्कलंक, दुर्गुणों से रहित बनाइये। मित्र, वरुण, समुद्र, पृथ्वी द्युलोक में सर्वत्र हमारी निर्विघ्न गति हो।

**आकृष्णेन रजसाव्वर्त्तमानो निवेशयन्नमृतम्मर्त्त्यञ्च।**
**हिरण्ययेन सविता रथेना देवो याति भुवनानि प २ २ यन्।।**

**अर्थ**—हे सूर्य देव! आप अपने प्रकाशवान् स्वरूप से समस्त प्राणियों को अपने-अपने व्यापार में प्रदत्त करते हुए स्वर्णमय रथ से आकाश मार्ग में संसार की दिखाते एवं दिखते हुए निरन्तर आवागमन करते हैं।

## पञ्चमोऽध्यायः

**ॐ नमस्ते रुदद्रमन्न्यव उऽतोत ऽहववे नमः। बाहुब्भ्यामुत ते नमः।**

**अर्थ**—हे दुष्टों को रुलाने वाले रुद्र रूप सेनापति, आपको हमारा नमस्कार है! आपका क्रोध और आपके अस्त्र-शस्त्रों को भी हमारा बारम्बार नमस्कार है। आपके भुजबल और पराक्रम को भी हमारा नमस्कार है।

**याते रुद्र शिवा तनूरघोरा पापकाशिनी।**
**तया नस्तन्वा शतमया गिरि शंताभिचाकशीहि।।**

**अर्थ**—हे रुद्र आपका जो कल्याणकारी सौम्य और निष्पाप जो स्वरूप है उससे हमें शान्ति प्रदान करें।

पामिपुंगि रिशंत हस्तेबिभर्ष्य स्तवे।
शिवांगिरिव्यंतां कुरुमाहि ध्व सीः पुरुषञ्जगत्।।

**अर्थ**—जो बाणादि अस्त्र-शस्त्र आपने धारण किए हुए हैं वे हमारा कल्याण करने वाले हों, वे सभी हमारे मनुष्यों अथवा पशुओं की हिंसा करने वाले न हों।

शिवे न व्वचसात्त्वा गिरिशाच्छा व्वदामसि।
यथा नः सर्व्व मिज्जगदगक्ष्म ध्व सुमना ऽ असत्।।

**अर्थ**—गिरि पर्वतों में व्यापक हे रुद्र! हम आपको कल्याणकारी वचनों से पुकारते हैं। आप श्रेष्ठतम मन से हमारे मनुष्यों एवं पशुओं को रोगरहित करें।

अद्ध्यदो चदाधिवक्ता प्प्रथमो दैव्यो भिषक्।
अहींश्च सर्वाञ्जम्भयन्त्सर्वाश्श्च यातु धान्यो धराधीः परासुव।।

**अर्थ**—हे रुद्र! आप ही सर्वोत्तम व सर्वश्रेष्ठ शास्त्र वक्ता हैं। आप ही सर्व प्रथम वैद्य के रूप में प्रकट हुए हैं, अतः सर्पादि विषैले जीवों से एवं राक्षस वृत्ति वाले मनुष्यों से हमारी रक्षा करें।

असौ यस्ताम्म्रो ऽअरुण ऽउतबब्भ्रुः सुमंगलः।
ये चैन ध्व रुद्द्रा अभितो दिक्षु श्रिताः
सहस्स्रशो वैषा ध्व हेड ऽईमहे।।

**अर्थ**—हे रुद्र! आपका ताम्र लाल और पीले रंग का मंगलमय व मंगलकारी स्वरूप है, वह हमारा कल्याण करे। दुष्टों को रुलाने वाला, सब दिशाओं में व्यापक आपके भयंकर रूप की हम स्तुति करते हैं।

असो यो वसर्प्पति नीलज्ग्रीवो व्विलोहितः।
यतैनङ्गोपा ऽअदृशन्नदृशन्नुदहार्यः स दृष्टों मृडयाति नः।।

**अर्थ**—हे रुद्र! द्युलोक आपका सिर होने से अन्तरिक्ष आपकी नील ग्रीवा है और आप शुभ कल्याण करने वालों के अनुकूल और दुष्ट आचरण करने वालों के लिए विनाश कारक हैं। आपके इस रूप को सभी स्त्री और पुरुष देखते हैं उनकी आप रक्षा करें।

नमोस्तु नील ग्रीवाय सहस्राक्षाय मीढुषे।
अथो जे ऽ अस्य सत्वा नो हं तेभ्यो ऽ करं नमः।।

**अर्थ**—नील ग्रीवा वाले असंख्य आंखों वाले सर्व वस्तु प्रदायक रुद्र रूप परमेश्वर को हमारा नमस्कार है। श्रेष्ठ गुणी जनों एवं उनके कार्य कलाप को भी मेरा नमस्कार है।

**प्रमुञ्च धन्वनस्त्वमुभयोरात्क्न्यों ज्ज्यांम्।**
**याश्चते हस्त ऽ इषवः पराता भगावोव्वप।।**

**अर्थ**—आपका जो रौद्र रूप है जिससे आप दुष्टों का संहार करते हैं दमन करते हैं वह रूप और हस्त ग्रहीत शस्त्र अर्थात् हाथों में धारण किये हुए शस्त्र आदि त्याग कर सौम्य भाव से हमारी आप रक्षा करें।

**विज्ज्यं धनुः कपर्द्दिनो व्विशल्ल्यो बाणवां २ ऽ उत।**
**अने शन्नस्य या ऽइषवऽ आभुरस्य निषंगाधिः।।**

**अर्थ**—जटाधारी हे सेनापति रुद्र! शत्रु संहार में रत आपके कोष में शस्त्रादि का भंडार भरा रहे। आपके बाण निरन्तर अबाध गति से प्रत्यञ्चा से छूटकर सही लक्ष्य पर पहुंचे। इसमें किसी भी प्रकार की कमी न आये।

**याते हेतिर्म्मीदुष्टम हस्ते बभूव त [illegible]।**
**तया स्म्मान्विश्वतस्त्व मय क्ष्मया परिभुज।।**

**अर्थ**—हे सेनापति! तुम्हारे हाथ के शस्त्रास्त्र पराभाव दिखाने वाले हों, उन शस्त्रास्त्रों से आप हमारी सब ओर से रक्षा करें

**परि ते धन्वनो हेति रस्म्मान्वृणक्तु विश्वतः।**
**अथोया ऽइषु धिस्तवारे ऽ अस्म्मन्न्धिेहि[illegible]म्।।**

**अर्थ**—हे सेनापति! आपके बाणादि शस्त्र हमसे दूर रहें क्योंकि आप हमारी सब ओर से पूरी रक्षा करने वाले हैं।

**अवतत्य अनुष्टव ध्व सहस्त्राक्ष [illegible]।**
**निशीर्य्य शल्ल्यानाम्मुखा शिवो नः सुमना[illegible]।।**

**अर्थ**—चारों ओर सर्वत्र असंख्य नेत्रों के समान दृष्टि रखने वाले सेनापति! आप अपने असंख्य आयुधों द्वारा शत्रुओं का संहार कर श्रेष्ठ मन से हमारा कल्याण करें।

**नमस्त ऽ आयुधानां तताय धृष्णावे।**
**उभाभ्यामुतते नमो बाहुब्भ्यां तव धन्वने।।**

**अर्थ**—हे रुद्र रूप सेनापति! आपके प्रकट और गुप्त शत्रुओं के संहार में प्रगल्भ शस्त्रों की प्रशंसा हम करते हैं। शस्त्रों को धारण करने वाले आपके बाहुल्य की भी हम प्रशंसा करते हैं।

**मानो महान्तमुत मानो ऽ अर्ब्भकम्मान ऽउक्षत मुत मान ऽ उक्षितम्।**
**मानो व्वधीः पितरम्मोत मारम्मा नः प्रियास्तन्वो रुद्र रीरिषः।।**

**अर्थ**—हे रुद्र! हमारे पूजनीय वृद्धों, बालक, युवा, गर्भस्थ देवियों की हिंसा मत करो। हमारे माता पिता और प्रियजन हैं उनकी भी हिंसा मत करो।

**मा नस्तोके तनये मा न ऽ आयुषि मा नो गोषु मा नो ऽ अश्श्वेषु रीरिषः। मानो व्वीरान्नुद्र भामिनोवधी र्हविष्मंतः सहमित्त्वा हवामहे।।**

**अर्थ**—हे सेनापति रुद्र! हमारे घरों के शिशु, बालक, गाये, घोड़ों की भी हिंसा मत करो, यज्ञों में हवि प्रदान करने वाले हम आपको पुकारते हैं कि हमारे पराक्रमों, वीरों का आप वध नहीं करें।

**नमो हिरण्य वाहवे सेनान्ये दिशाञ्च पतये नमो नमो व्वृक्षेब्भ्यो हरिकेशेब्भ्यः पशू नामस्त्तये नमो नमः शिष्पिजराय त्विष मते पृथी नाम्पतये नमो नमो हरिकेशायो पवीतिने पुष्टानाम्पतये नमो नमो बब्भ्लुशाय।।**

**अर्थ**—समस्त दिशाओं में रक्षक, स्वर्ण चिह्नित भुजाओं वाले रुद्र को हमारा नमस्कार है। हर रंग वाले वृक्षों पशुओं के रक्षक, पीत वर्ण और कान्तिमान पत्रिकों के पालन कर्ता श्री रुद्र को हमारा नमस्कार है। उपवीतधारी हरित् केशों वाले स्वरूप पुरुषों के स्वामी रुद्र को हमारा नमस्कार है।

**नमो बब्भ्लुशाय ऽव्याधिनेन्नानाम्पतये नमो नमो भवस्य हेत्त्यै जगताम्पतये नमो नमो रुद्रायाततायिने क्षेत्राणाम्पतये नमो नमः सूताया हत्यै व्वनानाम्पतये नमो नमो रोहिताय।।**

**अर्थ**—रक्तहीन रोग के रक्षक, अन्नादि के स्वामी, संसार के हितैषी जगत्पति को हमारा नमस्कार है। आततायियों के लिए भयंकर क्षेत्र पति तथा वनों के रक्षक रुद्र को हमारा नमस्कार है।

**नमो रोहिताय स्त्थपतये व्वृक्षाणाम्पतये नमो नमो भुवंतये व्वारिवस्कृतायौषधी नापतये नमो नमो मंत्रिणे त्वाणि जाय कक्षाणाम्यतये नमो नम ऽ उच्चैऽर्घोषाया क्क्रन्दयते पत्ती नाम्पतये नमो नमः कृत्त्स्नायतया।।**

**अर्थ**—सुखवर्धक, भूमिपालक, वृक्षों के रक्षक, संयमी सेवकों के स्वामी, ओषधिपति श्री रुद्र को हमारा नमस्कार है। विचारशील, व्यापार कुशल, विभिन्न वर्गों के स्वामी को हमारा नमस्कार है। उच्च घोष से दुष्टों को दहलाने वाले, सेनापति श्री रुद्र को हमारा नमस्कार है।

**नमः कृत्स्नायतया धावते सत्वनाम्पतये नमो नमः सहमानाय निव्वयाधिन ऽ आव्वयाधिनी नाम्पतये नमो नमो निषङ्गिण ककुभाय स्तेना नाम्पतये नमो नमो निचेखे परिचरायाख्या नाम्पतये नमो नमो व्वञ्चते**

**अर्थ**—सम्पूर्ण शक्ति से शत्रुजनों पर प्रहार करने के लिए दौड़ने वाले प्राणी मात्र के रक्षक, कष्ट, सहिष्णु, शत्रु संहार, चारों ओर से घेर कर नष्ट करने वाले सेनापति रुद्र को हमारा नमस्कार है। पराक्रमी शस्त्रधारी, चोरों को दण्ड देने वाले, भ्रमणशील अनुचरों के पालक वनों के अधिपति आपको हमारा नमस्कार हैं।

**नमो व्वञ्चते परिवञ्चते स्तायूनां पतये नमो नमो निषङ्गिण ऽ इषुधिमते तस्क्कराणाम्पतये नमो नमः सृकायिब्भ्यो जिद्या ः सद्भ्यो मुष्ण ताम्पतये नमो नमो सिमद्भ्यो नक्तञ्च रद्भ्यो व्विकृन्तानाम्पतये नमः।।**

**अर्थ**—ठग और कपटी तथा चोरों को दण्ड देने वाले, शस्त्रास्त्र धारण करने वाले आप दण्ड देने वाले अर्थात् डाकुओं के दण्डदाता श्री रुद्र को हमारा नमस्कार है। बज्र द्वारा हिंसा करने वाले, अपहरण करने वाले, धार वाले शस्त्रों सहित रात्रि में घूम-घूमकर हानि पहुंचाने वाले लुटेरों के संहारक श्री रुद्र को हमारा नमस्कार है।

**नमऽ उष्ष्णीषिणे गिरिचराय कुलुञ्चा नाम्पतये नमो नमोऽ इषुमद्भ्यो धन्वायिब्भ्यश्श्च वो नमो नमऽ आतन्वानेब्भ्यः प्प्रतिदधातेब्यभ्यश्श्च वो नमो नम ऽ आयच्छद्भ्योस्यद्भ्यश्च वो नमो नमो व्विसृजद्भ्यः।**

**अर्थ**—पगड़ीधारी पहाड़ों में विचरने वाले, अन्यान्य का धन लूटने वालों को दण्ड देने वाले, धनुष-बाणों से निरपराध प्राणियों को सताने वालों को कठोर दण्ड देने वाले श्री रुद्र भगवान को हमारा नमस्कार है।

**नमो व्विसृजद्भ्यो व्विध्यद्भ्यश्श्च वो नमो नमः स्वपद्भ्यो जागद्भ्यश्श्च वो नमो नमः शयानेब्भ्य ऽ आसीनेब्भ्यश्च वो नमो नयस्तिष्ठद्भ्यो धावद्भ्यश्च्च वो नमो नमः समाब्भ्यः।**

**अर्थ**—शत्रुओं पर बाण छोड़कर उन्हें बींधने वाले, जागृत, स्वप्न, सुषुप्ति तीनों अवस्थाओं में रक्षा करने वाले, गतिशील एवं हर स्थान पर स्थित रहने वाले श्री रुद्रदेव को हमारा नमस्कार है।

**नमः सभाब्भ्यः सभापतिब्भ्यश्श्च वो नमो नमऽ श्श्वेब्भ्योश्शवषतिब्भ्यश्श्च वो नमो नम ऽ आव्व्याधिनीब्भ्यो विविद्ध्यन्ती ब्भ्यश्श्च वो नमो नम ऽ उगणा ब्भ्यस्स्त ष्ठ हतीब्भ्यश्च वो नमो नमो गणेब्भ्यः।**

**अर्थ**—सभा और सभापति, अश्वपति, पशु और उसके स्वामी को हमारा नमस्कार है। शत्रुओं के विनाश करने वाली सेना के नायक गणों में विभक्त दुष्टों के सहारक, समर्थ सेना के सेनापति रुद्र को हमारा नमस्कार है।

**नमो गणेब्भ्यो गणपतिब्भ्यश्च्च वो नमो नमो ब्व्रातेब्भ्यो व्व्रातपति ब्भ्यश्च्च वो नमो नमो गृत्सेब्भ्यो ग्रत्सपतिब्भ्यश्श्च वो नमो नमो विरूपेब्भ्यो व्विश्श्वरूपे ब्भ्यश्च्च वो नमो नमः सेनाब्भ्यः।**

**अर्थ**—विभिन्न गणों और गणों के स्वामी, मनुष्य समूहों एवं उनके अधिपति, विद्वानों और उनके ज्ञानदाता, रूपहीन एवं समस्त रूपहीनों के नेता रुद्र आपको नमस्कार है।

**नमः सेनाब्भ्यः सेनानिब्भ्यश्च्च वो नमो नमो रथिब्भ्यो ऽ अर थे ब्भ्यश्च्च वो नमो नमः क्षतृब्भ्यः संग्रहीतृब्भ्यश्च्च वो नमो नमो महद्भ्यो ऽ अर्भ्भ केब्भ्यश्च वो नमः।**

**अर्थ**—सेना और सेनापति के लिए, रथ पर सवार सैनिकों एवं पैदल सैनिकों के लिए शत्रु सेना को घेरकर लाने वाले एवं उन पर घातक प्रहार करने वाले बड़े और छोटे सब सैनिकों के लिए हमारा नमस्कार है।

**नमस्तक्षब्भ्यो रथकोरब्भ्यश्च्च वो नमो नमः कुलालेब्भ्यः कर्म्मा रेब्भ्यच्च वो नमो नमो निषादेब्भ्यः पुञ्जिठ्ठेब्भ्यस्च वो नमो नमः श्श्वनिब्भ्यो मृगयुब्भ्यच्च वो नमो नमः स्वब्भ्यः।**

**अर्थ**—काष्ठकला के विशेषज्ञ, रथ आदि वाहनों के निर्माता, मिट्टी एवं लोहे के कारीगर, वनचर, श्वान विद्या में निपूर्ण, हिंसक पशुओं व्याघ्रादि सबको हमारा नमस्कार है।

**नमः श्वब्भ्यः श्वपतिब्भ्यश्च्च वो नमो नमो भवाय च रुद्राय च नमः शर्व्वाय च पशुपतये च नमो नीलग्रीवाय च शितिकण्ठाय च नमः कपर्द्दिने।**

**अर्थ**—सेना में उपयोगी कुत्तों एवं उनके शिक्षकों को हमारा नमस्कार है। संसार को उत्पन्न करने वाले तथा संहारक रुद्र रूप

भगवान को नमस्कार है। विराट् शरीर में अन्तरिक्ष जिसकी नीली और सफेद ग्रीवा है, ऐसे समस्त प्राणियों के स्वामी को हमारा नमस्कार है।

**नमः कपर्द्दिने चब्ब्युप्त केशाय च नमः सहस्त्राक्षाय च शतधन्वने च नमो गिरिशयात्र च शिपिविष्ट्ाय च नमो मीढुष्ट्टमाय चषुमते च नमो ह्रस्वाय।**

**अर्थ**—जटा वाले तथा केशरहित, सहस्त्रों नेत्र वाले, सैकड़ों शस्त्रों को धारण करने वाले, पर्वत कन्दराओं में सोने वाले पशुओं के स्वामी पराक्रमी रुद्र रूपी भगवान को हमारा नमस्कार है।

**नमो ह्रस्वाय च व्वामनाय च नमो ऽ बृहते च व्वर्षीयसे च नमो व्वृद्धाय च सवृद्धे च नमो ग्रयाय च प्प्रयमाय च नमः ऽ आशवे।**

**अर्थ**—छोटे और वामन कद वाले के लिए बड़े और अति वृद्ध ज्ञानी युवा, सबसे अगुवा एवं प्रथम मुख्य पुरुष रूप रुद्र को हमारा नमस्कार है।

नम ऽ आशवे चा जिराय च नमः शीग्घ्रयाय च शीब्भ्याय च नम ऽ ऊर्म्म्याय चावस्वन्न्याय च नमो नादेयाय च द्वाप्याय च।

**अर्थ**—शीघ्रगामी, गतिमान, अविनाशी, सर्वव्यापक, प्रशंसित, जल की लहरों में जल के शब्दों में, नदियों व द्वीपों में सर्वत्र व्यापक उस रुद्र रूप भगवान को हमारा नमस्कार है।

**नमो ज्ज्येष्ठाय च कनिष्ठ्ठाय च नमः पूर्व्वजाय चापरजाय च नमो मध्धमाय चा पगल्भाय च नमो जघन्न्याय च बुध्न्याय च नमः सोब्भ्याय।**

**अर्थ**—बड़े और छोटे, पूर्व उत्पन्न व बाद में उत्पन्न के लिए मध्यम श्रेणी एवं उससे निम्न कोटि के शत्रुओं का वध करने वाले ज्ञानी के लिए हमारा नमस्कार है।

**नमः सोब्भ्याय च प्प्रीत सर्य्याय च नमो याभ्म्याय च क्षेम्म्याय च नमः श्लोक्क्याय चावसान्न्याय च नम ऽ उर्व्वर्य्याय चखल्ल्याय च नमो व्वन्न्याय।**

**अर्थ**—ऐश्वर्यवान्, धर्मात्मा, न्यायकारी रक्षक, सर्वज्ञ, सर्वज्ञाता क्रिया-कुशल, सबके स्वामी रुद्र रूप भगवान को हम नमस्कार करते हैं।

**नमो व्वन्न्याय च कक्ष्याय च नमः श्रवाय च प्रतिश्श्चवाय च नम ऽ आशुषेणाय चाशुरथाय च नमः शराय चावभेदिने च नमो बिल्मिने।**

**अर्थ**—वनों एवं कन्दराओं में रहने वाले, सबकी सुनने और सुनाने वाले, शीघ्रगामी सेनापति, शीघ्रगामी रथों वाले, शूर शत्रुओं का भेदन करने वाले रुद्र को हमारा नमस्कार है।

**नमो बिल्मिने च कर्वाचने च नमो व्वर्म्मिगे च व्वरुथिने च नमः श्श्रुताय च श्श्रुतसेनाय च नमो दुदुंब्भ्याय चाहनन्न्याय च नमो धृष्ष्णवे।**

**अर्थ**—गुफा में रहने वाले, कवच को धारण करने वाले, देह-रक्षक वस्त्र धारण करने वाले, भवन निवासियों को हमारा नमस्कार है। प्रसिद्ध एवं विख्यात सेना वाले सेना दुन्दुभी में बजाकर सैनिकों का उत्साह बढ़ाने वाले को नमस्कार है।

**नमो धृष्ष्ठावे च प्प्रमृशाय च नमो निषंगिणे चे षुधिमते च नमस्तीक्ष्णेषवे चायुधिने च नमः स्वायुधाय च सुधन्न्वने च।**

**अर्थ**—युद्ध में अडिग, विवेकशील, शस्त्रधारी, तीक्ष्णबाण वाले, श्रेष्ठ आयुध हथियार स्वयं चलाने वाले, शस्त्रों से सुशोभित श्री रुद्र को हमारा नमस्कार है।

**नमः स्युत्याय च पत्थ्याय च नमः काट्टयाय च नीप्याय च नमः कुल्लयाय च सरस्याय च नमो नादेयाय च वैशन्ताय च नमः कूप्प्याय।।**

**अर्थ**—निर्झरों में कठिन वन मार्गों में कूप, बावड़ी, तालाब, नहरों, नदियों के उद्गम-स्थलों पर रहने वालों को नमस्कार है।

**नमः कुप्प्याय चावदृश्म्याय च नमो व्वोद्घ्रयाय [illegible]ातप्प्याय च नमो मेग्घ्याय च व्विद्द्युत्याय च नमो व्वर्ष्याय [illegible]र्याय च नमो व्वात्याय।।**

**अर्थ**—कूप, अटवी, अन्धकार में रहने वाले तथा प्रकाश, विद्युत, मेघ, वर्षा एवं अवर्षा में रहने वालों को नमस्कार है।

**नमो व्वात्याय च रेब्म्याय च नमो व्वास्तव्व्याय च व्वास्तुपाय च नमः सोमाय च रुद्द्राय च नमस्ताम्म्राय चारुणाय च नमः शङ्गवे।।**

**अर्थ**—वायु के प्रवाह में, प्रलयकाल में वस्तुओं व वस्तुओं के

रक्षकों में आह्लादक और रुलाने वालों में ताम्रवर्ण और रक्त वर्ण में बसे रुद्र को ह। नमस्कार करते हैं।

**नमः शङ्गवे च पशुपतये च नमऽउग्राय च भीमाय च नमोग्र्रेवधाय च दूरेवधाय च नमो हन्ये च हनीयसे च नमो वृक्षेव्भ्यो हरिकेशेभ्यो नमस्ताराय।।**

**अर्थ**—सुख प्राप्त करने वाले पशुओं के स्वामी, तेजस्वी, भयंकर बाणो से प्रहार करने वाले, दूर से मार करने वाले शत्रु संहारकहरे पत्तों वाले, वृक्षों में वास करने वाले रुद्र को हम नमस्कार करते हैं।

**नमः शम्भवाय च मयोभवाय च नमः शङ्कराय च मयस्क्कराय च नमः शिवाय च शिवतराय च।।**

अर्थ—सुख दाता, सुख स्वरूप, कल्याणकारी, मुक्तिदाता, शान्ति वर्धक, आपके अत्यन्त मंगलमय निर्विकार स्वरूप को नमस्कार है।

**नमः पार्य्याय चावार्य्याय च नमः प्प्रतरणाय चोत्तरणाय च नमस्तीत्थर्याय च कूल्ल्याय च नमः शष्प्याय च फेन्न्याय च नमः सिकत्त्याय।।**

**अर्थ**—संसार सागर से पार उतरने वालों व संसार सागर से पार न उतरने वालों, संसार से उतर जाने वालों, पार उतरने वालों, तीर्थादि नदी के किनारे झोंपड़ी में रहने वालों को नमस्कार है।

**नमः सिकत्त्याय च प्रवाह्याय च नमः कि ७ शिलाय च क्षयणाय च नमः कपर्दिने च पुलस्तये च नमः ऽइरिण्याय च प्प्रथत्थ्याय च नमो व्वज्ज्याय।**

**अर्थ**—वाल प्रदेशों, नदी के प्रवाह स्थलों छोटी-छोटी चट्टानों के मध्य निवास करने वालों, ऊसर भूमि में रहने वालों, उत्तम धर्म के उपदेष्टाओं में अग्रणीजन को नमस्कार है।

**नमो व्वज्ज्याय च गोष्ठ्ठयाय च नमस्तल्प्याय च गेहय्याय च नमो ह्रदय्याय च निवेष्प्याय च नमः काट्टयाय च गह्वरेष्ठाय च नमः शुष्क्क्याय।**

**अर्थ**—जो समूहों, गउओं के निवास-स्थलों, शयनागारों, गृह-द्वारों, गुप्त मन्दिरों घने जंगलों, गिरि-कन्दराओं में निवास करने वालों को नमस्कार है।

**नमः शुष्क्क्याय च हरित्याय च नमः पा ७ सव्व्याय च**

**रजस्याय च नमो लोप्प्याय चोलप्प्याय च नमऽऊर्व्व्याय च सूर्व्व्याय च सूर्व्व्याय च नमः पर्णाय।**

**अर्थ**—सूखे व हरे तथा रेतीले प्रदेशों, एकान्त देश, पृथ्वी के भिन्न-भिन्न स्थलों में व्याप्त, व्यापक, लोक-लोकान्तरों में गतिशील रुद्र को हमारा नमस्कार है।

**नमः पर्णाय च पर्णशदाय च नमऽउद्गुरमाणाय चाभिग्घ्नते च नमऽआखिदते च प्रखिदते च नमऽइषुकृद्भ्यो धंनुष्कृद्भ्यश्श्व वा नमो नमो वः किरिकेब्भ्यो देवाना ᳪ हृदयेब्भ्यो नमो व्विचिन्न्वत्केब्भ्यो नमो व्विक्षिणत्केब्भ्यो नमऽआनिर्हतेब्भ्यः।**

**अर्थ**—पत्ता और पत्तों में स्थित, उद्यमशील, संहारक, दीनता व पापवृत्ति के विनाशक के लिए, धनुष और बाण वालों के लिए नमस्कार है। शस्त्र-प्रहारक, देवताओं के हृदयों के लिए नमस्कार है।

**द्रापेऽअन्धसस्प्पते दरिद्रं नीललोहितः।**
**आसाम्प्रजानामेषाम्पशूनाम्मा भेर्म्मारोङ् मोच नः किञ्ज नाममत्।।**

**अर्थ**—हे पाप जाति के निरोधक! अज्ञान, अंधकार, दरिद्रता आदि को दूर करने वाले नील और लाल वर्ण वाले रुद्र! हमारी प्रजाओं में कोई रोग न हो।

**इमा रुद्द्राय तवसे कपर्द्दिने क्षयद्वीराय प्प्रभरा महेमतीः।**
**यथा शमसद्द्विपदे चतुष्प्पदे व्विश्श्वम्पुष्टं ग्रामेऽअस्मिन्ननातुरम्।।**

**अर्थ**—हे शत्रु रोधक! जिस प्रकार ग्राम में मनुष्य और पशु आदि समस्त जीव नीरोग होकर सुखों से पुष्ट और समृद्ध होते हैं उसी प्रकार सुख और समृद्धि की कामना से आप महानतम पराक्रमी को अपनी बुद्धि से आत्म-समर्पण कराते हैं।

**या ते रुद्द्र शिवा तनूः शिवा व्विश्श्वाहा भेषजी।**
**शिवारुतस्य भेषजी तया नो मृडजीवसे।।**

**अर्थ**—हे रुद्र आपका कल्याणकारी देह समस्त संसार के लिए ओषधि रूप हो। रोगों से दूर करके कल्याण करें एवं हमारा जीवन सुख से परिपूर्ण करें।

**परिनो रुद्द्रस्य हेति-र्वृणक्तु परित्त्वेषस्य दुर्म्मतिरघायोः।**
**अवस्त्थिरा मघवद्भ्यस्तनुष्ष्व मीढ्व स्तोकाय तनयाय मृड।।**

**अर्थ**—हे सुखवर्धक रुद्र! आपके शस्त्र हमसे दूर रहते हुए

हमारी रक्षा करें। पापवृत्ति वाली तथा क्रोध स्वभाव वाली बुद्धि के लिए ऐश्वर्यों के साधन बढ़ाकर सुखी करिये।

**मीढुष्टम शिवतम शिवो नः सुमना भव परमेव्वृक्षऽआयुधन्नि धाय कृत्तिं व्यसानऽआचर पिनाकम्बिभ्रदागहि।**

**अर्थ**—हे प्रतापवान रुद्र! आप श्रेष्ठ मन वाले होकर हमारा कल्याण करें। कवच रूपी चर्म धारण कर, शस्त्रों को रखकर या शस्त्र रहित ही आकर आप हमारी रक्षा कीजिये।

**व्विकिरिद्द्रव्विलोहितः नमस्तेऽअस्तु भगवः।**
**यास्ते सहस्र ᳬ हेतयोन्न्यमस्मन्निवपन्तु ताः।।**

**अर्थ**—हे अतिशय ऐश्वर्यवान्! आपके जो असंख्य आयुध हैं वे हमसे पृथक् रहकर शत्रुजनों पर गिरें। हम आपको नमस्कार करते हैं।

**सहस्त्राणि सहस्यशो वाह्वोस्तव हेतयः।**
**तासामीशानो भगवः पराचीना मुखा कृधि।।**

**अर्थ**—हे ऐश्वर्यवान्! आपकी असंख्य भुजाओं में वज्रादि असंख्य शस्त्र हैं उनसे हमारे शत्रुओं का नाश कर उनका मुख मर्दन करें।

**असङ्ख्याता सहस्त्राणि ये रुद्द्राऽअधिभूम्म्याम्।**
**तेषा ᳬ सस्त्रजोजनेव धन्न्वानि तन्न्मसि।।**

अर्थ—शत्रुओं को रुलाने वाली असंख्य शक्तियों एवं शस्त्रों का इस भूमण्डल पर विस्तार करके असंख्य योजनों तक हम स्वयं अपनी रक्षा करें।

**अस्म्मिन्न्तहत्त्यर्णवेन्तरिक्षे भवाऽअधि।**
**तेषा ᳬ सहस्त्रयोजनेव धन्नवानि तन्न्मसि।।**

**अर्थ**—इस सूक्ष्म जल से परिपूर्ण आकाश में विद्युत शक्तियां हैं उनके उपयोग से दूर तक प्रहार करने वाले आयुधों का निर्माण कर असंख्य योजनों तक अपनी रक्षा करें।

**नीलग्रीवाः शितिकण्ठा दिव ᳬ रुद्द्राऽउपश्रिताः।**
**तेषा ᳬ सहस्त्रयोजनेव धन्न्वानि तन्न्मसि।।**

**अर्थ**—नीली और सफेद रंग वाली द्युलोक स्थित जो सौर शक्ति है अर्थात् भगवान् भाष्कर की जो किरणें हैं, उनके उपयोग से घातक शस्त्रास्यों का निर्माण कर सहस्र योजन तक अपनी रक्षा करें।

**नीलग्रीवाः शितिकण्ठाः शर्व्वाऽअद्यः क्षमाचराः।**
**तेषा ꣳ सहस्त्रयोजनेव धन्नवानि तन्मसि।।**

**अर्थ**—भूमि पर रहने वाली जो नीली और श्वेत रंग की आघात करने वाली पार्थिव शक्तियां हैं उनके उपयोग द्वारा सहस्रों योजन तक अपनी रक्षा करें।

**ये व्वृक्षेषु शष्पिञ्जरा नीलग्ग्रीवा व्विलोहिताः।**
**तेषा ꣳ सहस्त्रयोजनेव धन्वानि तन्मसि।।**

**अर्थ**—इस पृथ्वी पर स्थित वृक्षों में जो हरे, नीले, लाल, रंग के पत्तों में विष है उसका उपयोग अपने शस्त्रास्त्रों में कर सहस्रों योजनों तक अपनी रक्षा करें।

**ये भूतानामधिपतयो व्विशिश्वासः कपर्द्दिनः।**
**तेषा ꣳ सहस्त्रयोजनेव धन्वानि तन्मसि।।**

**अर्थ**—प्राणियों के अधिपति संन्यासी और शिखा रहित ब्रह्मचारी तथा जटा-जूटा धारण करने वाले विद्वान् हैं, उनके बताये ज्ञान से घातक आयुधों का निर्माण कर अपनी रक्षा करें।

**ये पथाम्पथि रक्षयऽऐलबृदाऽआयुर्य्युधः।**
**तेषा ꣳ सहस्त्रायोजनेव धन्वानि तन्मसि।।**

**अर्थ**—जो यात्रियों की रक्षा करने वाले अन्नादि को बढ़ाने वाले तथा पूर्णायु तक युद्ध करने वाले हैं, उनके द्वारा बताये शस्त्रों के निर्माण से हम अपनी सैकड़ों योजनों से रक्षा करें।

**ये तीर्त्थानि प्प्रचरन्ति सृकाहस्ता निषङ्गिणः।**
**तेषा ꣳ सहस्त्रायोजनेव धन्वानि तन्मसि।।**

**अर्थ**—अनेक विष आयुधों को धारण किये हुए तथा हाथों में वज्र लिये हुए रक्षक समुद्रादि जलाशयों में विचरण करते हैं, उनसे हम अनेक तरह से अपनी रक्षा करें।

**येन्नेषु व्विद्ध्यति पात्त्रेषु पिबतो जनान्।**
**तेषा ꣳ सहस्त्रायोजनेव धन्वानि तन्मसि।।**

**अर्थ**—जो अन्न शत्रु भक्षण करते हुए और पात्रों में जल पीते हुए जनो को बाण द्वारा बींध देते है उनको सहस्र योजन से संहार कर अपनी रक्षा करें।

**यऽएतावंश्च्च भूमा ꣳ सहश्च्चदिशो रुद्द्राव्वितस्त्थिरे।**
**तेषा ꣳ सहस्त्रयोजनेव धन्वानि तन्मसि।।**

**अर्थ**—जो इतनी व अन्य भी बहुत सी महान् संहारक शक्तियां

दिशाओं में व्यापक हैं उनका विस्तार करके सहस्त्र योजन से हम अपनी रक्षा करें।

**नमोस्तु रुद्द्रेब्भ्यो ये दिवियेषां व्वर्षमिषवः। तेब्भ्यो दश प्राचीर्द्दश दक्षिणा दश प्रतीचीद्देशोदिचीर्द्दशोर्द्धर्काः। तेब्भ्योऽनमोऽअस्तु तेनोऽवंतु ते नो मृडयंतु ते यंद्विव्मो यश्च्च नो द्वेष्टि तमेषाञ्जम्भे दद्ध्मः।।**

**अर्थ**–द्युलोक में जिनके वर्षा रूपी वाण हैं, ऐसी रुद्र शक्ति को हमारा नमस्कार है। हम दस अंगुलियों को मिला करबद्ध होकर पूर्व, पश्चिम, उत्तर, दक्षिण, ऊपर सभी दिशाओं में नमस्कार करते हैं। वे हमारी रक्षा करें और सुखी करें। जो हमसे द्वेष करते हैं और जिनसे हम द्वेष करते हैं उन्हें रुद्र शक्ति के अधीन करते हैं।

**नमोस्तु रुद्द्रेब्भ्यो येन्तरिक्षे येषाव्वातऽइषवः। तेब्भ्यो दश प्राचीर्द्दश दक्षिणा दशप्रतीचीद्र्दशोदीचीर्द्दशोर्द्धवाः। तेब्भ्यो मनोऽअस्तु ते नोऽवंतु ते नो मृडयंतु ते यन्द्विष्म्मो यश्च्च नोद्वेष्टि तमेषाञ्जम्भे दद्धमः।।**

**अर्थ**–अन्तरिक्ष में विद्यमान रुद्र शक्ति को नमस्कार है। जिनके बाण वायु हैं। प्राची, पश्चिम, उत्तर, दक्षिण, ऊपर सभी दिशाओं में दसों उंगलियों को मिलाकर करबद्ध प्रणाम है। उनका आदर करते हैं, वे हमारी रक्षा करें और सुखी करें। जिनसे हम द्वेष करते हैं और जो हमसे द्वेष करते हैं उन्हें रुद्र शक्ति के अधीन करते हैं।

**नमोस्तु रुद्द्रेब्भ्यो ये पृथिव्व्यां य्येषामन्नमिषवः। तेब्भ्यो दश प्राचीर्द्दश दक्षिणा दश प्प्रतीची द्र्दशोदीचीद्र्दशोद्धवाः। तेब्भ्मो नमोऽअस्तु ते नो वंतु ते नो मृडयंतु ते यन्द्विष्म्मो यश्च्च नोद्द्वेष्टि तमेषाञ्जम्भे दर्द्धमः।।**

अर्थ–पृथ्वी पर स्थित रुद्र शक्ति को हमारा नमस्कार है। जिनके अन्न बाण हैं। पूर्व, पश्चिम, उत्तर, दक्षिण और ऊपर सब दिशाओं में करबद्ध प्रणाम है। उसके लिए हमारा नमस्कार है। वे हमारी रक्षा करें और हमें सुखी करें जिनमें हम द्वेष करते हैं और जो हमसे द्वेष करते हैं। उन्हें रुद्र शक्ति के अधीन करते हैं।

(यहां अध्याय पांच के १ से १६ ऋचाओं का पुनः पाठ करना चाहिए।)

## षष्ठोऽध्यायः

**एष ते रुद्द्र भागऽसह स्वस्त्राम्बिकया तं जुषस्व स्वाहैष ते रुद्द्र भागऽआखुस्ते पशुः।**

**अर्थ**—हे रुद्र! हमारा समर्पित यह पदार्थ समूह बहन अम्बिका अग्नि के साथ सेवन कीजिये। शेष भाग मूषक आदिं जीवों के लिए हैं। जैसे यज्ञाग्नि में डाली हवि देवों को प्राप्त होती है वैसे ही हे रुद्र! आप भी प्राप्त कीजिये।

**अवरुद्द्रमदीमहत्रव देवं त्र्यम्बकम्।**
**यथा नो व्वस्यसस्क्करद्यथा नः श्श्रेयसस्क्करद्यथानो व्वयवसाययात्।।**

**अर्थ**—हे त्रिकालज्ञ रुद्र! हम आपकी शरण प्राप्त कर अन्नादि का भक्षण करते हैं। हे रुद्र! हम उत्तम प्रकार से निवास करने वाले, श्रेष्ठ गुणों को धारण करने वाले एवं दृढ़ निश्चयी बनें।

**नमस्ते रुद्र मन्न्यवऽउतोतऽइषवे नमः। बाहुब्भ्यामुत ते नमः।।**

**अर्थ**—हे दुष्टों को रुलाने वाले रौद्र रूप भगवान! आपको हमारा नमस्कार है। आपके क्रोध और अम्बक शास्त्रास्त्रों को हमारा नमस्कार है। आपके भुजबल और पराक्रम को भी हमारा नमस्कार है।

**या ते रुद्रशिवा तनूरघोरा पापकाशिनी।**
**तथा नस्तन्न्वा शंत मया गिरि शंताभिचाकशीहि।।**

**अर्थ**—हे रुद्र! आपका जो कल्याण कारक सौम्य और निष्पाप स्वरूप है उससे हमें शान्ति प्रदान कीजिए।

**न तम् विदाथ यऽइमा जनानान्न्यद्युष्म्माकमन्न्तरम्बभूव।**
**नीहारेण प्रावृत्ता जल्प्या चासुतृवऽउक्त्थसासच्च्वरंति।।**

**अर्थ**—उस रुद्र रूप परत्मामा को नहीं जाना जिसने यह सारा जगत् बनाया है, जो तुम्हारे अन्दर रहते हुए भी अलग है उनको न जानने में अज्ञान, बकवादीपन, इन्द्रियों के वशीभूत होना, आत्म-प्रशंसा करना आदि कारण है।

**व्विश्श्वकर्म्मा ह्यजनिष्ट देवऽआदिद्दगंधर्वोऽअभवद् द्वितीयः।**
**तृतीयः पिता जनितोषधीनामषड्गर्ब्भ व्यदद्यात्तपुरुत्या।।**

**अर्थ**—विश्वकर्मा ने सवप्रथम वायु को उत्पत्ति की, उसके बाद में अग्नि उत्पन्न हुए, तृतीय पर ओषधियों का उत्पादक जल और प्राणों को गर्भ में धारण कराने वाला पर्जन्य उत्पन्न हुआ।

मीढ्ष्म शिवतम शिवो नः सुमना भव। परमेव्वृक्ष आयुधन्तिधाय कृत्तिंव्वसानऽआचर पिनाकम्बिभ्रदाागहि

**अर्थ**—हे प्रतापवान्! आप श्रेष्ठ मन वाले होकर हमारा कल्याण करें, कवच रूप धारण कर शस्त्र सहित अथवा शस्त्र रहित आकर हमारी रक्षा करें।

**व्विकिरिद्द्रव्विलोहित नमस्तेऽअस्तु भगवः।**
**यास्ते सहस्त्र थ्ठ हेतयान्यमरम्म्रन्निवपंतु ताः।।**

**अर्थ**—हे अत्यन्त ऐश्वर्यशाली। आपके जो असंख्य शस्त्रास्त्र हैं उन्हें हम नमस्कार करते हैं, हमसे दूर वे रहते हुए शत्रुओं पर प्रहार करें, उन पर जाकर गिरें।

**सहस्त्राणि सहस्त्रशो बाह्वास्तव हेतयः।**
**वासामीशानो भगवः परावीना मुखा कृधि।।**

**अर्थ**—हे परमेश्वर्यवान् आपकी असंख्य भुजाओं में वज्रादि असंख्य शस्त्र हैं, उनसे शत्रुओं का नाश कर उनका मुख मर्दन कीजिए।

**असंख्याता सहस्त्राणि ये रुद्द्राऽअधि भूम्याम्।**
**तेषा थ्ठ सहस्त्रयोजनेव धन्वाणि तन्मसि।**

**अर्थ**—हे रुद्र! शत्रुओं को रुलाने वाली आपकी असंख्य शक्तियों और शस्त्रों का विस्तार कर हम असंख्य योजन तक अपनी रक्षा करें।

**व्वय थ्ठ सोमव्रते तव मनस्तनूषु बिभ्रतः।**
**प्रजावंतः सचेमहि।।**

**अर्थ**—हे सोम! तेरे व्रत को धारण कर हम अपने मन और शरीर को तुझे समर्पित करते हैं। हमें प्रजा वाला बनाकर सुखी करो।

**एषते रुद्र भागः सहस्वस्त्रांबिकया तं जुषस्व स्वाहैषते रुद्र भागऽआखुस्ते पशुः**

**अर्थ**—हे रुद्र! हमारा समर्पित यह पदार्थ समूह जैसे अग्नि में डाली हुई हवि देवों को प्राप्त होती है वैसे ही भगिनिवत अग्नि के साथ सेवन कीजिए।

**अवरुद्रमदीमह्यव देवं त्र्यम्बकम्। यथा ना व्वस्यस्सकरद्यथा नः श्रेयसस्करद्यथा नो व्यवसाययात्।।**

**अर्थ**—हे त्रिकालदर्शी रुद्र! हम आपकी कृपा से भोज्य पदार्थों का भक्षण करते हैं। हम उत्तम प्रकार से निवास कर गुणों के धारक दृढ़व्रती बनें।

**भेषज मसि भेषजं गवेश्वाय पुरुषाय भेषजम्।**
**सुखं मेषा य मेष्यै।।**

**अर्थ**—हे रुद्र रूप भगवान्! और आप ओषधियों के उत्पादक हैं, उनका सेवन कर पुरुष, गाय, अश्व, भेड़ आदि नीरोग और सुखी रहें।

**त्र्यंबकं यजामहे सुगंधिं पुष्टिवर्द्धनम्। उर्व्वारुकमिव बंधनान्मृत्योर्मुक्षीय मामृतात्। त्र्यम्बकं यजामहे सुगन्धिं पतिवेदनम्। उर्व्वारुकमिव बंधनादितो मुक्षीय मामुतः।।**

**अर्थ**—त्रिनेत्रधारी रुद्र का हम पूजन करते हैं जो यश व पुष्टि देने वाला है। जिस प्रकार पका हुआ खरबूजा बेल से छूट जाता है उसी प्रकार मृत्यु रूपी बंधन से हम छूट जायें, मुक्ति के आनन्द से नहीं। कन्याएं भी त्रिनेत्रधारी त्रिकालज्ञ रुद्र भगवान् का पूजन करती हैं। जिससे श्रेष्ठ यशस्वी और पुष्ट पति को प्राप्त करें। जिस प्रकार पका हुआ खरबूजा बेल के बन्धन को छोड़ देता है उसी प्रकार माता-पिता के बंधन को छोड़कर पति कुल को प्राप्त होवें। पतिकुल से कभी विमुक्त न होवें।

**एतत्ते रुद्राव संतेन परो मूजवतोतीहि। अवतत धन्वा पिनाका वसः कृत्तिवासाऽअहि ध्ठ सन्नःशिवोतीहि।।**

**अर्थ**—हे रुद्र! अपने धनुष का विस्तार कर, चर्म का कवच धारण कर, शस्त्रास्त्रों से प्रहार कर, हमारे शत्रुओं को अत्यन्त दूर देश में भगा दीजिये जिससे हम आपसे रक्षित होकर सुख प्राप्त करें।

**त्रियायुषं जमदग्नेः। कश्यपस्य त्र्यायुषम्।**
**यद्देवेषु त्र्यायुषं तन्नोऽअस्तु त्रयायुषम्।।**

**अर्थ**—जिस प्रकार जमदग्नि और कश्यप की तीनों अवस्थाएं श्रेष्ठ हैं हम वैसे ही दिव्य गुणों से युक्त कर्मों में ही सब आयु को बितायें।

**शिवो नामासि स्वधितिस्ते पिता नमस्तेऽअस्तु मा मा हि ध्ठ सीः। निवर्तयाम्यायुषेन्नाद्याय प्रजननाय रायस्पोषाय सुप्रजात्वाय सुवीर्याय।।**

**अर्थ**—हे रुद्र! आप कल्याण नाम वाले हैं। दुष्टों के लिए वज्र रूप हैं। हे पितृ रूप! आपको नमस्कार है। आप हमारी हिंसा न करें। हम अपनी आयु, अन्नादि का भोग, सन्तान, पुष्टिकारक धन, सुप्रजा की प्राप्ति और पराक्रम के लिए आपका आश्रय लेकर व्यवहार करते हैं।

**उग्रश्श्च भीमश्च्च दध्वान्तश्च्च धुनिश्च्च सासह्वांश्चाभियुग्वां चव्विक्षिपः स्वाहा अग्नि ७ हृदयेनाशनि ७ हृदयाग्रेण पशुपति कृत्स्न हृदयेन भवं य्यक्क्ना। शर्व्वम्मतस्नाब्भ्यामीशानम्मन्न्युना महादेवमंतः पर्शब्येनोग्ग्रदेवं व्वनिष्टुना व्वसिष्ट हनुः शिंगी निकोश्श्याब्भ्याम्।।**

**अर्थ**—उग्र और भयंकर स्वभाव वाले, अपनी गर्जना से शत्रुओं को कम्पायमान कर तिरस्कृत करने वाले, विविध प्रयोगों द्वारा शत्रुओं का संहार करने वाले को आहुति द्वारा तृप्त करते हैं। हृदय से अग्नि को हृदयाग्रभाग से विद्युत को, सम्पूर्ण हृदय से पशुपति को यकृत भाग से देवता को, दोनों फुफ्फुसों से सर्वदेवता को, मन्यु से सर्वेश्वर को, अन्दर की पसलियों से महादेव को, आन्त्र भाग से उग्रदेव को प्रशस्त हनु और शिंगियों को कोश ग्रन्थियों को आत्मसात् कर प्रसन्न करता हूं।

**उग्रंल्लोहितेन मित्य ७ सौव्रत्त्येन रुद्द्र दौर्व्वृत्त्येनेंद्रम्प्रक्रीडेन मरुतो बलेन साद्ध्यान्प्रमुदा। भवस्य कण्ठ्य ७ रुद्द्रस्यान्तः पाश्श्र्वम्महादेवस्य यकृत्त्छर्व्वस्य व्वनिष्ट्टुः पशुपतेः पुरीतत्।।**

**अर्थ**—उग्र को युद्ध से, मित्र को श्रेष्ठ व्यवहार से, दुष्ट को दण्ड द्वारा, राजा को उपहार से, प्रजा को बल से, पुत्रों व शिष्यों को प्रेमपूर्ण व्यवहार द्वारा प्रसन्न करें। भव देवता का कंठ, रुद्र देवता का अन्दर की पसलियां, महादेव का यकृत, शर्वदेवता की आंतें, पशुपति का हृदय स्थान है।

## सप्तमोऽध्यायः

**व्वाजश्च्चमे प्प्रसवश्च मे प्प्रयतिश्च्च मे प्प्रसितिश्च्चमे धीतिश्च्च मे क्रतुश्च्च मे स्वरश्च्च मे श्लोकश्च्च मे श्श्रवश्च्च मे श्श्रुतिश्चमे ज्ज्योतिश्च्चमे स्वच्च मे यज्ञेन कल्प्पंताम्।।**

**अर्थ**—मेरा अन्न, मेरा वैभव, मेरा प्रयत्न और प्रबन्ध, मेरी धारणा मेरे श्रेष्ठ कर्म, मेरा सुख आदि सब यज्ञ द्वारा परिपूर्ण हो।

**प्राणश्च्च मे पानश्च्च मे व्यानश्च्च मे सुश्च्च मे चित्तञ्चमऽआधीतञ्च मे व्वाक्च मे मनश्च्च मे चक्षुश्च्च मे श्श्रीत्त्रञ्च दक्षश्च्च मे बलञ्च मे यज्ञेन कल्प्पंताम्।।**

**अर्थ**—मेरा प्राण, मेरा अपान, मेरा व्यान, मेरी घ्राण शक्ति, मेरा चित्त, मेरा स्वाध्याय, मेरी वाणी, मेरा मन, मेरी आंखें, मेरे कान, मेरी दक्षता, मेरा बलादि सब यज्ञ द्वारा परिपूर्ण हो।

**ओजश्च्चमे सहश्च्चम ऽ आत्म्मा च मे तनुश्च्च मे शर्म्म चमे व्वर्म्म च मे ऽङ्गानि च मे परु ष्ठ षि च मे शरीराणि चम ऽ आयुश्च्च मे जरा च मे यज्ञेन कल्प्पंताम्।।**

**अर्थ**—मेरा ओज, मेरा साहस, मेरी आत्मा, मेरा शरीर, मेरा घर, मेरे सुख, मेरा कवच, मेरे अंग, मेरी हड्डियां, मेरे जोड़े, मेरे देह के सभी अंग, मेरी आयु सब यज्ञ द्वारा परिपूर्ण हों।

**ज्ज्यैष्ठ्यञ्च्च मे आधिपत्त्यञ्च मे मन्न्युश्च्च मे भामश्च्च मे मश्च्च मे म्मश्च्च मे जेमा च मे महिमा च प व्वरिमाच मे प्रथिमाच मे व्वर्षिमाच मे दृद्राधिमाच मे व्वृद्धञ्च मेव्वृद्धिश्च्च मे यज्ञेन कल्पंताम्।।**

**अर्थ**—मेरी ज्येष्ठता, मेरा आधिपत्य, मेरा मानसिक क्रोध, मेरा शारीरिक क्रोध, मेरा उद्वेग, मेरी सौम्यता, मेरी विजय, मेरी महानता, मेरी श्रेष्ठता, मेरी विशालता, मेरी दीर्घायु, मेरी वृद्धि, मेरी धन–धान्य पूर्णता, मेरी समृद्धि सभी यज्ञ द्वारा परिपूर्ण हो।

(यहां अध्याय पांच के एक से सोलह ऋचाओं का पुनः पाठ करें)

**सत्यञ्च मे श्रद्धा चमे जगच्च मे धनञ्च मे व्विश्श्वञ्चं मे महश्च्चमे क्क्रीडा च मे मोदश्च्च मे जातञ्च मे जनिष्ष्य माणञ्च मे सूक्तञ्च मे सकृतञ्च मे यज्ञन कल्प्पंताम्।।**

**अर्थ**—मेरा सत्य, मेरी श्रद्धा, मेरा पशु–धन, मेरा सुवर्णादि धन, मेरा सम्पूर्ण अधिकार, मेरी कान्ति, मेरी प्रसन्नता, मेरा विहार, मेरे पुत्रादि, मेरी भावी संतति, मेरे सुवाक्य, मेरे पुण्य कर्म—ये सब यज्ञ द्वारा ही परिपूर्ण हों।

**ऋतं च मे मृतञ्च मे यक्ष्मञ्च मे नामत्रच्च मे जीवातुश्च्च मे दीर्घायुत्त्वञ्च मे नमित्यञ्च मे भयञ्च मे सुखञ्चमे शयनञ्च मे सूषाश्च्च मे सुदिनञ्च मे यज्ञेन कल्प्पंताम्।।**

**अर्थ**—मेरे नियमित शुभ कर्म, मेरा अमरत्व, मेरी निरोगिता, मेरा सुस्वास्थ्य, मेरा जीवनीय तत्त्व, मेरी दीर्घायु, मेरी निर्वैरता, मेरी अभयता, मेरा सुख, मेरा शयन, मेरा सुजागरण, मेरा सुदिन सब यज्ञ द्वारा परिपूर्ण हो।

**यन्ता च मे धर्त्ता च मे क्षेमश्च्च मे धृतिश्च्च मे विश्श्रज्य मे महश्च्च मे संव्विच्च मे ज्ञात्यञ्च मे सूश्च्च मे प्प्रसूश्च्च मे सरिञ्च मे लयश्च मे यज्ञेन कल्प्पंताम्।।**

अर्थ—मेरा संयम, मेरी धारण शक्ति, मेरा कल्याण, मेरा धैर्य, मेरा सर्वस्व, मेरी महानता, मेरी सुज्ञानता मेरा ज्ञानविज्ञान, मेरी सन्तानोत्पादक शक्ति, मेरी सन्तानोत्पति, मेरी कृषि, मेरी कृषि समाप्ति ये सब यज्ञ द्वारा परिपूर्ण हो।

**शञ्च मे मयश्च्च मे प्रियञ्चमे नुकामश्च्च मे कामश्च्च मे, सौम नसश्च्च में भगश्च्च मे द्द्रविणञ्च मे भद्द्रञ्च मे श्श्रेयश्च्च मे व्वसीयश्च्च मे यशश्च्च मे यज्ञेन कल्प्पंताम्।।**

**अर्थ**—मेरा कल्याणं, मेरा सुख, मेरी प्रिय, मेरी कामनायें, मेरे काम्य पदार्थ, मेरा बन्धु वर्ग, मेरा सौभाग्य, मेरा धन मेरी भद्रता मेरे श्रेष्ठ कर्म, मेरा उत्तम निवास, मेरा सुयशादि सब यज्ञ के द्वारा परिपूर्ण हो।

(यहां पुनः अध्यायं पांच के एक से सोलह ऋचाओं का पाठ करें)

**ऊर्क्कच सूनृता चमे पयश्च्चमे रसश्च्च मे घृतञ्च मे मधु च मे सग्गिधश्च् मे सपीतिश्च्च मे कृषिश्च्च मे व्वृष्टिश्च्च मे जैत्रञ्च म औद्भिद्द्धञ्ज मे यज्ञेन कल्प्पंताम्।**

**अर्थ**—मेरा अन्न, मेरी सत्य प्रिया वाणी मेरा दूध, मेरा रस, मेरा घृत, मेरा मधु, मेरा बन्धुओं सहित भोजन, मेरा सहपान, मेरी कृषि, और वर्षा मेरी वर्षा, मेरी विजय शीलता, मेरा फलोत्पादन—ये सब यज्ञ के द्वारा परिपूर्ण हों।

**रयिश्च्च मे रायश्च्च मे पुष्टश्च्च मे व्विभुच मे प्प्रभु च मे पूर्ण च मे पूर्णतरं च मे ऋयवं च मे क्षितं च मे ऽन्नञ्च मे क्षुच्च मे यज्ञेन कल्प्पंताम्।।**

**अर्थ**—मेरी सम्पत्ति और धन-धान्य, मेरी धन-पुष्टि और शरीरपुष्टि, मेंरा ऐश्वर्य और प्रभुत्व मेरी पूर्णता और अत्यन्त

सुपूर्णता, मेरा बोने के अयोग्य पुराना अन्न, मेरा अक्षुण्ण अन्न भण्डार, मेरा नवान्न कोष, मेरी भोजन तृप्ति—उक्त सब यज्ञ द्वारा परिपूर्ण हों।

**वित्तञ्चमे व्वेद्यञ्च में भूतञ्च मे भविष्यच्च मे सुगञ्च मे सुपत्थ्यञ्च म ऽ ऋद्धञ्च म ऽ ऋद्धिश्च्च मे क्लृप्तञ्च मे क्लृप्तिश्च मे मतिश्च्च मे सुमतिश्च मे यज्ञेन कलप्पन्ताम्।**

**अर्थ**—मेरा लब्ध और लब्धमान धन, मेरा विगत और आगत काल मेरे सुगम और श्रेष्ठ मार्ग में होने वाले कर्म, मेरी बुद्धि और समृद्धि—ये सब यज्ञ द्वारा परिपूर्ण हों।

**व्रीध्यश्च्च मे यवश्चि मे माषाश्च्च मे तिलाश्च्च मे मुद्द्राश्च्च मे खल्ल्वाश्च्च मे घ्रियङ्ग्वश्चच म ऽणवश्च्च मे श्श्यामाकाश्च्च मे नीवाराश्च्च मे गोधूमाश्च्च मे मसूराश्च्च मे यज्ञेन कल्पन्ताम्।।**

**अर्थ**—मेरे चावल और जौ, मेरे उड़द और तिल, मेरे मूंग और चने मेरे कंकनी और छोटे चावल, मेरे ऋण, धान्य और पासाई, मेरे गेहूं और मसूर—ये सब यज्ञ द्वारा परिपूर्ण हों।

(यहां पुनः पांचवें अध्याय के एक से सोलह ऋचाओं का पाठ करें)

**अश्म्मा च मे मृतिका च मे गिरश्यच्च मे, पर्व्वताश्च्च मे सिकताश्च्च में व्वनस्पतश्यच्चमे हिरण्ण्यञ्च मे यश्च मेश्श्यामंच मे लोहञ्च मे सीसञ्च मे त्त्रपु च मे यज्ञन कल्प्पन्ताम्।।**

**अर्थ**—मेरे पत्थर, मेरी मिट्टी, मेरे छोटे और बड़े पहाड़, मेरी रेत वनस्पतियां, मेरा सुवर्ण और लोहा, मेरा तांबा और शीशा, मेरा रांगा—ये सब यज्ञ के द्वारा परिपूर्ण हों।

**अग्निश्च्च म ऽ आपश्च्च में व्वीरुधश्च्च म ऽ ओषधय श्च्चमे कृष्टप्च्च्याश्च्च में कृष्ट्ट पच्च्याश्च्च मे ग्ग्राम्म्याश्च्च मे पशव ऽ आरणयाश्च्च मे व्वित्तञ्च मे व्वित्तिश्च मे भूतञ्च मे भूतिश्च्च मे यज्ञेन कल्पंताम्।।**

**अर्थ**—मेरी अग्नि, मेरा जल, मेरी वृक्ष लतायें, मेरी ओषधियां मेरे खेत में पके पदार्थ, बिना खेती में पके पदार्थ, बिना खेती के पके जंगलों पदार्थ, मेरे गांव के पशु और जंगली पशु, मेरा प्राप्त धन और प्राप्तव्य धन—सब यज्ञ के द्वारा परिपूर्ण हों।

**व्वसुच्च मे व्वसतिश्च्च मे कर्म्म च मे शक्तिश्च्च मे र्त्थश्च्च**

**मे ऽ एमश्च्च मे ऽइत्याच मे गतिश्च्च में यज्ञेन कल्पन्ताम्।।**

**अर्थ**—मेरी संपत्ति और निवास गृह, मेरे कर्म और पुरुषार्थ शक्ति, मेरा अर्थ संग्रह और उसके लिए किया गया, प्रयत्न, मेरी पद्धति और मेरी गतिविधि—सब यज्ञ द्वारा परिपूर्ण हों।

(यहां पुनः अध्याय पांच के १ से १६ ऋचाओं का पाठ करें)

**अग्निश्च्च म ऽ इन्द्रश्च्च मे सोमश्च्च म ऽ इन्द्रश्च्च मे सविता च म ऽ इन्द्रश्च्च मे सरस्वती च मे ऽ इन्द्रश्च्च मे पूषा च मे ऽ इन्द्रश्च्च मे बृहस्पतिश्च्च म ऽ इन्द्रश्च्च मे यज्ञेन कल्पन्ताम्।।**

**अर्थ**—मेरी अग्नि, मेरी वायु, मेरा सोम, मेरा इन्द्र, मेरा सविता, मेरा विद्युत, मेरी वाणी, मेरा मन, मेरी, पृथ्वी, मेरी आत्मा, मेरा बृहस्पति, मेरा इन्द्र—सब यज्ञ के द्वारा परिपूर्ण हों।

**मित्रश्च्चय म ऽ इन्द्रश्च्च में व्वरुणश्च्चम ऽ इन्द्रश्च्च मे धाता च म ऽ इन्द्रश्च्च मे त्वष्टा च म ॐ इन्द्रश्च्च मे मरुतश्च्चम ऽ इन्द्रश्च्च मे व्विश्वे च मे देवाऽ इन्द्रश्च्च मे यज्ञेन कल्पन्ताम्।।**

**अर्थ**—मेरा प्राण और आत्मा, मेरा उदान तथा आत्मा, मेरी जठराग्नि तथा आत्मा, मेरी वाणी और आत्मा, मेरे समस्त प्राण तथा आत्मा, मेरी इन्द्रियां तथा आत्मा—सब यज्ञ द्वारा परिपूर्ण हों।

**पृथिवि च म ऽ इन्द्रश्श्मेऽन्तरिक्षञ्च म ऽ इन्द्रश्च्च मे द्द्यौश्च्च म ऽ इन्द्रश्च्च मे समाश्च्च म ऽ इन्द्रश्च्च मे नक्षत्त्राणि च म ऽ इन्द्रश्च्च मे दिशश्च्च म ऽ इन्द्रश्च्च मे यज्ञेन कल्पन्ताम्।।**

**अर्थ**—मेरे लिए विस्तृत भूमि और सूर्य, मेरे लिए, अंतरिक्ष और सूर्य, मेरे लिए द्युलोक तथा सूर्य मेरे लिए वर्ष का समय एवं सूर्य, मेरे लिए नक्षत्र और सूर्य मेरे लिए दिशा एवं सूर्य—सब यज्ञ के द्वारा परिपूर्ण हों।

(यहां पुनः पांचवें अध्याय के १ से १६ ऋतुओं का पाठ करें)

**अ ᳫ शुश्च्च मे रश्मिश्च्च मे दाब्भ्यश्च्च मे ऽधिपतिश्च्चम ऽ उपा ᳫ शुश्च्च में न्तर्य्यामश्च्च म ऽ ऐन्द्र वायवश्च्च मे मैत्त्रावरुणश्च्चम ऽ आश्विनश्च्च मे प्पतिप्प्रस्थानश्च्च मे शुक्रश्च्च मे मन्थी चमे यज्ञेन कल्पन्ताम्।।**

**अर्थ**—मेरे लिए चन्द्रमा और उसकी किरणें, मेरे लिए सूर्य और उनकी किरणें, मेरे लिए वाणी एवं शक्ति, मेरे लिए प्राण और

उदान, मेरे लिए वाक् और प्राण, मेरे लिए चक्षु और मन, मेरे लिए कान एवं मन, मेरे लिए सूर्य और चन्द्रमा यज्ञ द्वारा परिपूर्ण हों।

**आग्रयणश्च्च मे वैश्वदेवश्च्च मे त्ध्रुवश्च्च मे वैश्वानरश्च्च म ऽ ऐन्द्राग्नश्च्च मे महावैश्व देवश्च्च मे मरुत्त्वतीयाश्च्च मे निष्क्के वल्ल्यश्च्च मे सावित्त्रश्च्च मे सारस्वतश्च्च मे पात्किनी वतश्च्च मे हारियोजनश्च्च मे यज्ञेन कल्प्पंताम्।**

**अर्थ**—मेरा अगहन मास संबंधी यज्ञ, मेरा समस्त देव संबंधी यज्ञ मेरे ध्रुव कर्म रूपी यज्ञ, विद्वानों के सत्कार कर्म रूपी यज्ञ, सब महान् लोगों के व्यवहार कर्म रूपी यज्ञ, मेरे वायु संबंधी वैज्ञानिक कार्य रूपी यज्ञ, मेरे निरन्तर सुख प्राप्ति के लिए किए गए प्रयास रूपी यज्ञ, मेरे उत्पादन संबंधी प्रयत्न रूपी यज्ञ, वाणी के सार्थक, प्रयोग रूपी यज्ञ, पत्नी सहित होने वाले महान् कर्म रूप यज्ञ शीघ्रता से संपन्न योजना संबंधी कर्म—ये सब यज्ञ के द्वारा सम्पन्न एवं सफल हों।

**स्रुश्च्च मे चमसाश्च्च मे व्वायव्व्यानि च मे द्द्रोणकलशश्च्च मे ग्ग्रावाणश्च्च मे धिषण्णे च मे पूतभृच्च म ऽ आधवनीयश्च्च मे व्वेदिश्च्च मे बर्हिश्च्च मे ऽ वभूथश्च्च मे स्वागाकाश्च्च मे यज्ञेन कल्प्पन्ताम्।।**

**अर्थ**—मेरे स्रुवा और चमस, मेरे वायु संबंधी पात्र, मेरे द्रोण और कलश नाम के पात्र, मेरे शिला, मूसल ओखली आदि पात्र, मेरे पूतमृत और आधवनीय नामक सोमरस रखने के पात्र, मेरी वेदी और कुशासन, मेरा अवभृथ नामक यज्ञीय स्थान, मेरे स्वस्तिपरक मंत्र पाठ आदि सब यज्ञ के द्वारा उत्तम फल देने में समर्थ हों।

(यहा पुनः पांचवें अध्याय के एक से सोलह मंत्रों का पाठ करें।)

**अग्निश्च्च मे धर्म्मश्च्च मे वर्कश्च्च मे सुर्य्यश्च्च मे प्प्राणश्च्च मे श्श्वमेधश्च्च मे पृथिवी चमे दितिश्च्च मे द्दयोश्च्च मे गुलयः शक्वरयोदिशश्च्च मे यज्ञेन कल्प्पन्ताम्।**

**अर्थ**—मेरे लिए अग्नि तथा उसके प्रयोग, मेरा तेज मेरा, प्रताप, मेरा सूर्य मेरा प्राण, मेरा मानसिक बल, मेरी पृथ्वी, मेरी अखंडित नीति, मेरी शारीरिक अनित्य स्थिति, मेरे दिन-रात, मेरी शरीरांग स्थिति, मेरी विविध शक्तियां, मेरी समस्त दिशाएं यज्ञ द्वारा परिपूर्ण हों।

**व्रतञ्चम ऽ ऋतवश्च्च मे तपश्च्च मे संव्वत्तसरश्च्च मे होरात्त्रेऽ अर्व्वष्ठीवे बृहद्रथन्तरे च मे यज्ञेन कल्पन्ताम्।।**

**अर्थ**—मेरे सत्य-पालन आदि व्रत, मेरी षड्ऋतुएं, मेरा धर्माचरण रूपी तप, मेरे संवत्सर और दिन-रात, मेरी स्थिरता और दृढ़ता के साधन, मेरे बृहद् और रथन्तर नामक साम द्वारा सिद्धि-दायक बनें।

(यहां पुनः अध्याय पांच के एक से सोलह ऋचाओं का पाठ करें।)

**एकाचमे विस्त्रच्च तिस्त्रश्च्च मे पञ्चच मे पञ्च्चच मे सप्त च मे सप्त च मे नव च मे नव च मऽ एकादश चम एकादश च मे त्त्रयोदश च मे त्त्रयोदश च मे पञ्चदश च मे पञ्चदश च मे सप्तदश च मे सप्तदश च मे नवदश च मे नवदश च मऽ एकवि ꣳ शतिश्च्च मऽ एक वि ꣳ शतिश्च्च मे त्त्रयोवि ꣳ शतिश्च्च मे त्त्रोमि ꣳ शतिश्च मे पञ्च वि ꣳ शतिश्च्च मे पञ्च वि ꣳ शतिश्च्च मे सप्तवि ꣳ शतिश्च्च मे सप्तवि ꣳ शतिश्च्च मे नववि ꣳ शतिश्च्च मे नववि ꣳ शतिश्च्च मऽ एकत्त्रि ꣳ शच्च मऽ एकत्त्रि ꣳ शच्च मे त्त्रयस्त्रि ꣳ शच्च मे यज्ञेन कल्पन्ताम्।**

**अर्थ**—मेरे लिए एक, तीन, पांच, सात, नौ, ग्यारह, तेरह, पन्द्रह, सत्रह, उन्नीस, इक्कीस, तेईस, सत्ताईस, उनत्तीस, इकत्तीस, तैंतीस विषम संख्यायें दो संख्या के योग और वियोग अर्थात् घटाने-जोड़ने, गुणा करने, वर्गमूल, घनमूल आदि गणित विद्यायज्ञ विधि द्वारा सीख कर ज्ञान परिपूर्ण करें।

(यहां पुनः पांचवें अध्याय के १ से १६ ऋचाओं का पाठ करें।)

**चतस्त्रश्च्च मेष्टौ च मैष्टौ च मे द्वादश च मे द्वादश च मे षोडश च मे षोडश च मे व्वि ꣳ शतिश्च्च मे व्वि ꣳ शतिश्च्च मे चतुर्व्वि ꣳ शतिश्च्च मे चतुर्व्वि ꣳ शतिश्च्च मेष्टावि ꣳ शतिश्च मे ꣳ ष्टावि शतिश्च्च मे द्वात्त्रि ꣳ सच्च मे द्वात्त्रि ꣳ शच्च मे षट्त्त्रि ꣳ शच्च मे षट्त्त्रि ꣳ सच्च मे चत्वारि ꣳ शच्च मे चत्वारि ꣳ शच्च मे चतुश्च्चत्त्वारि ꣳ शच्च मे चतुश्चत्त्वारि ꣳ शच्च मेऽ ष्टाचत्त्वारि ꣳ शश्च्च मे यज्ञेन कल्पन्ताम्।**

**अर्थ**—मेरे लिए चार, आठ, बारह, सोलह, बीस, चौबीस, अट्ठाईस, बत्तीस, छत्तीस, चालीस, चवालीस, अड़तालीस—ये सम

संख्याएं चार संख्या का पहाड़ा, बारह गुणा तक फलाकर बताती हैं। इसी प्रकार सभी सम संख्याओं का पहाड़ा फलाकर ज्ञान प्राप्त कराएं। ये सब यज्ञ विधि से सुसम्पन्न हों।

(यहां पुनः अध्याय पांच के १ से १६ ऋचाओं का पाठ करें।)

**त्र्यविश्च्च मे त्रय्वी च मे दिव्यवाट् च मे दिव्यौट्टी च मे पंचाविश्च्च मे पंचावी च मे त्रिवत्तसश्च्च मे त्रिवत्त्साश्च मे तुर्य्यवाट् चमे तुर्य्यौंही च मे यज्ञेन कल्प्पताम्।**

**अर्थ**—मेरी तीन प्रकार से रक्षा करने वाले नर एवं मादा, पशु बैल और गौ आदि पशु उनसे उत्पन्न होने वाले पदार्थ दो वर्ष से चार वर्ष तक गौ-बैल, बकरा-बकरी आदि पशु पशु-पालन विद्यानुसार चमे लिये अधिकाधिक ईधन, खाद आदि पदार्थों को देकर उपयोगी बनें।

**षष्ठ्ठवार् च मे षष्ठ्ठौट्टी चम ऽ उक्षा च मे व्वशा च म ऽऋषभश्च्च मे व्वेट्टच्च मे नड्डवांश्च्च मे धेनुश्च्च मे यज्ञेन कल्प्पतान।**

**अर्थ**—पीठ पर भार ढोने वाले नर एवं मादा पशु, उत्तम सांड और गौ आदि बन्ध्या गाय एवं बलवान बैल हल-गाड़ी रथ को खींचने वाले घोड़े, बैल, ऊंट और दुधारू गायें पशुपालन विद्या द्वारा लाभकारी सिद्ध होवें।

(यहां पुनः अध्याय पांच की १ से १६ ऋचाओं का पाठ करें।)

**व्वाजाय स्वाहा प्रसवाय स्वाहा पिजाय स्वाहा क्रतवे स्वाहा व्वसवे स्वाहा हर्प्पतये स्वाहाह्ने मुग्गधाय स्वाहा मुग्गधाय व्वैन ८ शिनाय स्वाहा व्विन ८ शिन ऽ आन्त्यायनाय स्वाहान्त्याय भौवनाय स्वाहा भुवनस्य पतये स्वाहाधिपतये स्वाहाप्रजापतये स्वाहा। इयन्ते राष्मित्त्राय यन्तासि यमनऽऊर्ज्जेत्त्वा व्वृष्ट्टैयत्त्वा प्रजानाऽआधिपत्त्याय।**

**अर्थ**—अन्नों के लिए निमित्त चैत्र मास के लिए सुहृत हो, ऐश्वर्य हेतु वैशाख के लिए सुहृत हो, जलार्थ ज्येष्ठ मास सुहृत हो। खेती कर्म को आषाढ़ मास के लिए सुहृत हो, गृह निवास हेतु श्रावण मास के लिए सुहृत हो, सूर्य की उष्णता प्रधान भाद्रपद मास के लिए सुहृत हो। रोग एवं मोह युक्त आश्विन मास के लिस सहृत हो। मोहनाशक कार्तिक मास के लिए सुहृत हो, जीवनप्रद मार्गशीर्ष मास के लिए सुहृत हो, भुवनं संबंधी पौष मास

के लिए सुहृत हो, भुवनाधिपति माघ मास के लिए सुहृत हो, अधिपति फाल्गुन मास के लिए सुहृत हो, प्रजापति संवत्सर के लिए सुहृत हो। हे ईश्वर! यह आपकी सम्पत्ति है। आप सबके नियन्ता और सद्‌गुण प्रदाता हो। मैं अन्न के लिए वृष्टि और प्रजाओं की रक्षार्थ आपको स्वीकार करता हूं।

**आयुर्य्यज्ञेन कल्प्पताम्प्राणो यज्ञेन कल्प्पताञ्चक्षुर्य्यज्ञेन कल्प्पता ७ श्रोत्त्रं य्यज्ञेन कल्प्पतां व्वाग्ग्यज्ञेन कल्प्पताम्मनो यज्ञेन कल्प्पता आक्तमा यज्ञेन कल्प्पताम्ब्रह्मा यज्ञेन कल्प्पताज्योतिर्य्यज्ञेन कल्प्पता ७ स्वर्य्यज्ञेन कल्प्पताम्पृष्ठं य्यज्ञेन कल्प्पताय्यज्ञो यज्ञेन कल्प्पताम्। स्त्तोमश्च्च यजुश्च्चऽ ऋक्च साम च वहच्च रथन्तरंच। स्वर्द्देवाऽअगन्मामृताऽअभूम प्प्रजापतेः प्प्रजाऽअभूम व्वेट् स्वाहा।**

**अर्थ**—मेरी आयुयज्ञ के द्वारा सम्पन्न हो। मेरे प्राण यज्ञ द्वारा बलवान बनें। मेरे नेत्र यज्ञ द्वारा पवित्र बनें। मेरा मन यज्ञ द्वारा श्रेष्ठ बने। मेरी वाणी यज्ञद्वारा पवित्र बने। मेरा मन यज्ञ द्वारा शुभ संकल्पी बने। मेरी आत्मा यज्ञ द्वारा सुसम्पन्न हो। मेरी ज्ञान ज्योति यज्ञ के द्वारा पूर्ण हो। मेरे समस्त सुख यज्ञ द्वारा परिपूर्ण हों। मेरा अध्ययन यज्ञ से सम्पन्न हो। मेरे यजनीय कर्म यज्ञ द्वारा सम्पन्न हों। अथर्ववेद यजुर्वेद, ऋग्वेद, सामवेद, बृहत् और सामवेद का रथन्तर साम यज्ञ द्वारा सम्पन्न हो। हे विद्वानो! हम सुख और अमरता को प्राप्त करें। प्रजापति परमात्मा की हम सच्ची प्रजा बन जायें। हम सत्यवाणी और उत्तम क्रिया से युक्त हो जायें।

## अष्टमोऽध्यायः

**ऋचं व्वाचम्प्रपद्ये मनो यजुः प्प्रपद्ये साम प्प्राणम्प्रपद्ये चक्षुः श्रोत्त्रम्प्रपद्ये व्वागोजः सहौजो मयि प्प्राणापानौ।**

**अर्थ**—मैं ऋग्वेद रूपी वाणी को प्राप्त करूं, मननशील यजुर्वेद को प्राप्त करूं, साम रूप प्राण को प्राप्त करूं, आंख और कान की उत्तम शक्ति को प्राप्त करूं, मेरी वाणी में ओज और देह में शारीरिक बल व ओज हो, मेरे शरीर में प्राण और अपान बलवान हों।

**यन्नमे छिद्द्रञ्चक्षुषो हृदयस्य मनसोव्वाति तृणम्बृहस्प्पतिर्म्मे तद्दधातु। शन्नो भवतु भुवनस्य यस्प्पतिः।।**

**अर्थ**—जो मेरी आंखों, हृदय तथा मन में त्रुटि एवं व्याकुलता

है, परमात्मा तथा आचार्य उसको पूर्ण करें। सारे संसार का स्वामी परमात्मा हमारा कल्याण करें।

**ओ३म् भूर्भूवः स्वः तत्सवितुर्व्वरेण्यिम्भर्गो देवस्य धीमहि धियो यो नः प्प्रचोदयात्।**

**अर्थ**—प्राणदाता, दु:ख नाशक, सुख स्वरूप परमात्मा जो संसार का उत्पादक है उसके वरणीय शुद्ध दिव्य तेज का हम ध्यान करते हैं, वह हमारी बुद्धियों को पवित्र करें।

**कया नश्चिच्चत्य ऽ आभुव इत्ती सदावृधः सखा। कया शचिष्ठया व्वृता।।**

**अर्थ**—वह परमात्मा हमारी किस विधि द्वारा रक्षा करता है और हमें मित्रवत् बढ़ाता है। वर्तमान में भी वह उत्तम बुद्धि से हमें प्रेरित करें।

**कस्त्वा सत्यो मदानाम्न ७ हिष्ट्ठो भत्सदन्धसः दृढायिदारुजेन्वसु।**

**अर्थ**—वह परमात्मा सुख स्वरूप ओर आनंददायक होने से तुझको दृढ़ता, निरोगिता, धन, ऐश्वर्य को देने वाला है।

**अभीषुणः सरीनामविता जरितृणामृ।**

**शवम्भव, स्यूतिभिः।।**

**अर्थ**—हे परमेश्वर! हमें सभी प्रकार के सुखों को देते हुए अपनी अनेक रक्षक क्रियाओं से हमारी रक्षा करें।

**कयात्त्वन्न ऽ ऊत्त्याभिप्प्रमन्दसे व्वृषन्।**

**कया स्त्तोवृभ्य ऽ आभर।।**

**अर्थ**—हे सुख वर्षक! आपकी स्तुति करने वालों को आप किस प्रकार से रक्षा कर आनंदित करते और उनका भरण-पोषण करते हो।

**इन्दो व्विश्श्वस्य राजति।**

**शन्नो ऽ अस्तु द्विपदे शञ्चतुष्पदे।।**

**अर्थ**—परमेश्वर संसार के मध्य सर्वत्र व्यापक है। वह मनुष्य और पशुओं का कल्याण करे।

**शन्नो मित्त्रः शं व्वरुणः शन्नो भवत्त्वर्य्यमा।**

**शन्नऽइन्द्रो बृहस्प्पतिः शन्नो व्विष्णुरुरुक्रमः।।**

**अर्थ**—मित्र रूपी, वरणीय, नियन्ता परमेश्वर हमारे लिए

कल्याणकारी हों। ऐश्वर्यवान् सर्वज्ञ, व्यापक और पराक्रमी परमात्मा हमारे लिए कल्याणकारक हो।

**शन्नो व्वातः पवता ꣳ शन्नस्तपतु सूर्य्यः।**
**शन्नः कनिक्कदद्देवः पर्ज्जन्न्यो ऽ अभिवर्षतु।।**

**अर्थ**—वायु हमारे लिए सुखकारी हो, सूर्य, हमारे लिए कल्याणकारी होकर तपे, दिव्य मेघ गर्जना करता हुआ भली प्रकार बरसे।

**अहानि शम्भवन्तु नः श ꣳ रात्रिः प्प्रतिधीयताम्। शन्न इंद्राग्नि भवतामवोभिः शन्नऽइन्द्रा वरुणा रातहव्धा। शन्न ऽ इन्द्रापूषणा व्वाजसातौ शमिंद्रासोमा सुविताय शंय्योः।।**

**अर्थ**—दिन हमारे लिए कल्याणकारी हों, रात्रियां हमें धारण कर कल्याण करें। इन्द्र और अग्नि अपनी रक्षण क्रियाओं से हमारा कल्याण करें। दानशील इन्द्र और वरुण हमारा कल्याण करें। अन्न उत्पादक इन्द्र और पूष्ण हमारा कल्याण करें। सुख विस्तार के लिए इन्द्र और सोम हमारा कल्याण करें।

**शन्नो देवीरभिय्यय ऽ आपो भवंतु पीतये।**
**शंय्योरंभिस्वन्तु नः।।**

**अर्थ**—हमारी अभीष्ट सिद्धि और वृष्टि के लिए दिव्य जल चारो ओर से सुख की वर्षा करें।

**स्योना पृथिवि नो भवा नृक्षरा निवेशनी।**
**यच्छा नः शर्म्म सप्प्रथाः।।**

**अर्थ**—हे पृथिवी! आप हमारे लिए सुखदायिनी, कंटकादि रहित निवास योग्य होकर सविस्तार अत्यन्त सुखदायी हो।

**आपोहिष्ट्ठा मयो भुवस्ता न ऽ ऊर्ज्जे दधातन।**
**महेरणाय चक्षसे।।**

**अर्थ**—हे जलो! तुम सुख उत्पादक हो, हमारे लिए बल को धारण कराओ एवं दिव्य दर्शन को प्राप्त कराओ।

**यो वः शिव तमो रसस्तस्य भाजयते हनः।**
**उशवोरिव मातरः।।**

**अर्थ**—हे जलो! जिस प्रकार प्रीतियुक्त माताएं अपने पुत्रों को स्तन-पान करती हैं, उसी प्रकार तुम्हारा जो कल्याणकारी रस है उसे हमें सेवन कराओ।

**तस्मा ऽ अरङ्गमामवोयस्य क्षयाय जिन्वथ।**

**आपो जनयथा च नः।।**

**अर्थ**—हे जलो! जिस आयु के लिए तुम हमें तृप्त करते हो उस आयु के लिए हम तुम्हें प्राप्त कर अपनी उन्नति करें।

**ॐ द्यौः शान्तिरंतरिक्ष ᳯ शांतिः पृथिवी शांतिरापः शान्तिरोषधयः शान्तिः। व्वनस्प्पतयः शांतिर्व्विश्श्वेदेवाः शान्तिर्ब्ब्रह्म शांतिः सर्व्व ᳯ शांतिः शांतिरेव शांतिः सा मा शांतिरेधि।।**

**अर्थ**—द्युलोक शान्तिदायक हो, अन्तरिक्ष शान्तिदायक हो, पृथ्वी शान्ति देने वाली हो, जल शान्तिदायक हो, ओषधियां भी शान्तिदायक हों, वनस्पतियां शान्ति देने वाली हों, समस्त देव शक्तियां शान्तिदायक हों, ज्ञान भी शान्ति देने वाला हो, सर्वत्र शांति हो, शान्ति वस्तुतः शान्ति ही देने वाली हो, वही सच्ची शान्ति मुझे प्राप्त हो।

**दृत्ते द ᳯ हमा मित्त्रस्य मा चक्षुषा सर्व्वाणि भूतानि समीक्षंताम्। मित्त्रस्याहञ्चक्षुषा सर्व्वाणि भूतानि समीक्षे। मित्त्रस्य चक्षुषा समीक्षामहे।।**

**अर्थ**—हे अविद्या नाशक परमेश्वर! मुझे दृढ़ बनाइए, सभी प्राणी मुझे मैत्री रूप दृष्टि से देखें। मैं सब प्राणियों को मित्रतापूर्ण दृष्टि से देखूं। हम सब प्राणी परस्पर एक-दूसरे को मित्र दृष्टि से देखें।

**दृते द ᳯ हमा ज्योक्ते संदृशि जीव्व्यासञ्ज्ज्योक्तो सन्दृशि जीव्यासम्।।**

**अर्थ**—हे दुःख निवारण कर्त्ता! मुझे दृढ़ बनावें, मैं आपके दर्शन भली प्रकार से करता हुआ निरन्तर जीवित रहूं। आपके ज्ञान से ज्ञानी बन निरन्तर जीवित रहूं।

**नमस्ते इरशोचिवे नमसते ऽ अस्त्वर्च्चिषे।**

**अन्नयांस्ते ऽ अस्म्मत्तपंतु हेतयः पावको ऽ अस्म्मब्भ्य ᳯ शिवोभव।।**

**अर्थ**—हे परमेश्वर! तेरे दुःखहर्ता स्वरूप को नमन हो। तेरे ज्ञानदाता स्वरूप को नमन हो। तेरे प्रकाशदाता स्वरूप को नमन हो। तुम्हारी दण्ड-व्यवस्था हमसे भिन्न दूसरे दुष्ट पुरुषों के लिए तपाने वाली हो और आपका पवित्र स्वरूप हमारा कल्याण करने वाला हो।

**नमस्ते ऽ अस्तु विद्दयुते नमस्ते स्तनीयत्क्नवे।**
**नमस्ते भगवन्नस्तुः यतः स्वः समीहसे।।**

**अर्थ**—बिजली के समान गर्जना करने वाले आपके लिए नमन हो, हे भगवन्! आप हमारे लिए सब ओर से सुखों की चेष्टा करते हैं। अतः आपको वन्दन हो।

**यतो यतः समीहसे ततो नो ऽ अभयं कुरु।**
**शन्नः कुरु प्रजाभ्भ्यो भयन्नः पशुब्भ्यः।।**

**अर्थ**—जिस-जिस दिशा में आपकी चेष्टा हो, उधर-उधर से हमें अभय करो। हमारी प्रजा के लिए कल्याण करो और हमारे पशुओं के लिए अभय हो।

**सुमित्त्रिया न ऽ आपऽओषधयः सन्तु दुर्म्मित्त्रियास्तस्मैसंतु योस्म्मान् द्वेष्ट्टि यञ्च व्वयं द्विष्म्मः।।**

**अर्थ**—जल और ओषधियां हमारे लिए अच्छे मित्र के समान ही कल्याण करनें वाली हों, जो हमसे द्वेष करते हैं और जिससे हम द्वेष करते हैं उनके लिए दुष्ट मित्र के समान हों।

**तच्चक्षुर्द्देवहितम्पुरस्त्ताच्छुक्रमुच्चरत्। पश्येमशरदः शतंज्जीवेम शरदः शत ॐ श्रृणुयाम शरदः शतम्प्रब्ब्रवाम शरदः शतम दीना श्याम शरदः शतम्भूयश्च्च शरदः शतात्।।**

**अर्थ**—वह परमात्मा सबका प्रकाशक, देवों का हित-साधक सबसे पूर्व अनादि काल से विद्यमान है। उसकी कृपा से हम सौ वर्ष तक देखें, सौ वर्ष तक जीवें, सौ वर्ष तक सुनें, सौ वर्ष तक प्रवर्चन करते रहें, सौ वर्ष और उससे भी अधिक समय तक हम अदीन होकर जीवत रहें।

## स्वस्ति पाठः

**ॐ स्वस्ति न ऽ इन्द्रो व्वृद्धश्रवाः स्वस्ति नः पूषा व्विश्श्ववेदाः।।**

**स्वस्ति नस्ताक्ष्यों ऽ अरिष्ट्टनेमिः स्वस्ति नो बृहस्पतिर्दधातु।।**

**पयः पृथिव्व्यां पयः ऽ ओषधीषु पयो दिव्व्यन्तरिक्षे पयोधाः।।**

**पयस्वतीः प्प्रदिशः सन्तु मह्ह्यम्।।**

**व्विष्ष्णो रराटमसि व्विष्ष्णोः श्वष्त्रे स्त्थो व्विष्ष्णोः स्यूरसि व्विष्ष्णोदृर्ध्रुवोसि।।**

**व्वैष्ष्णवमसि व्विष्ष्णवेत्त्वा।**

अग्निर्देवता व्वातो देवता सूर्य्यो देवता चन्द्रमा देवता व्वसवो देवता। रुद्द्रा देवतादित्त्या देवता मरुतो देवता व्विश्श्वेदेवा देवता बृहस्प्पतिर्देवतेन्द्रो देवता व्वरुणो देवता।।

चत्त्वारि शृंगा त्वयी ऽ अस्य पादा द्वे शीर्षे सप्त हस्त्तासोऽअस्य
त्रिधा बद्धो व्वृषभो रोरवीति अहो देवो मर्त्त्या २ऽ आविवेश।।

नमः शम्भवाय च मयो भवाय च नमः शंकराय च मयस्कराय च नमः शिवाय च शिवतराय च।।

अदितिद्द्यौरदितिरन्त्तरिक्षमदितिर्म्माता स पिता स पुत्रः।।

व्विश्श्वेदेवा ऽ अदितिः पंचजना ऽ अदितिर्ज्जात मदितिर्ज्जनित्त्वम्।।

दीर्ग्घायुत्वाय बलाय व्वर्च्चसे सुप्रजास्त्वाय सहसाऽअथो जीव शरदः शतम्।।

द्द्यौः शान्तिरंतरिक्ष ꣳ शांतिः पृथिवी शान्तिरापः शान्तिरोषध्यः शान्तिः व्वनस्पतयः। शान्तिर्व्विश्श्वेदेवाः शान्तिर्ब्रह्म शांतिः सर्व्व ꣳ शान्तिः शांतिरेव्व शांतिः सा मा शान्तिरेधि

## नवग्रह मंत्राः

ॐ आकृष्ष्णेन रजसा वर्त्तमानो निवेशयन्नमृतं मर्त्त्यं च।
हिरण्ययेन सविता रथेन देवो जाति भुवनानि पश्यन्।।
सूर्याय नमः।।

ॐ इमन्देवाऽ असपत्न ꣳ सुवध्वं महते क्षत्त्राय महते ज्यैष्ट्ठ्याय महते जानराज्यायद्रस्येंद्रियाय इमम मुष्य पुत्रममुष्य पुत्रमस्यै विश एष वोमी राजा सोमोऽस्माकं ब्रह्मणाना ꣳ राजा।।
चन्द्राय नमः।।

ॐ अग्निर्मूर्द्धा दिवः ककुत्त्पतिः पृथिव्याऽअयम्।
अपा ꣳ रेता ꣳ सि जिन्वति
भौमाय नमः

ॐ उद्बुध्यस्वाग्ने प्रति जागृहि त्वमिष्टा पूर्वे स ꣳ सृजेथामयं च।
अस्मिन् सधस्थे अध्युत्तरस्मिन् विश्वेदेवा यजमानश्च सीदत
बुधाय नमः।।

ॐ बृहस्पते अति यदर्योऽअर्हा द्युमद्विभाति कृतु मज्जनेषु।
यदे दयच्छवसऽ ऋतप्रजात तदस्मासु द्रविण धेहि चित्रम्।।
बृहस्पतये नमः।।

अन्नातपरिस्रुतो रसं ब्रह्मणा व्यपिबन् क्षत्त्रं पयः सोमं प्रजापतिः।
ऋतेन सत्य मिन्द्रियं विपान ४ शुक्रमंध स इन्द्रस्येंद्रियमिदं पयोऽमृतं मधु।।

शुक्राय नमः।।

शन्नो देवीरभिष्टय ऽ आपो भवंतु पीतये।
शंज्योरभिस्रवंतु नः।।

शनैश्चराय नमः।।

कांडात् कांडात् प्ररोहन्ति परुषः परुषस्परि।
एवा नो दूर्वे प्रतनु सहस्रेण शतेन च।

राघ्हवे नमः।।

केतुं कृण्वन्नकेतवे पेशोमर्जाऽअपेशसे समुषद्भिरजा यथाः।
केतवे नमः।
अग्नेर्ज्जनित्त्रमसि व्रुषणो स्थऽउर्वश्यायुरसि पुरुरवाऽअसि।
गायत्रेणत्त्वा छन्दसा मन्थामि त्रैष्टुभे नत्त्वा छन्दसा मंथामि जागतेन त्वा छन्दसा मन्थामि।।

मुन्थाय नमः

## शिव-ताण्डव स्तोत्रम्

**जटाटवी गलज्जल प्रवाह पावित स्थले**
**गलेऽवलम्ब्य लम्बितां भुजंग तुंग मालिकाम्।**
**डमड्डमड्डमड्डमन्निनाद वड्डमर्वयं**
**चकार चण्डताण्डवं तनोतु नः शिवः शिवम्**

**अर्थ**—जो महादेव अपनी जटारूपी वन से गिरती हुई गंगाधार से पवित्र हुए, कण्ठ में सर्पों की लम्बी-लम्बी माला धारण किए, डमड्डमड् शब्द करने वाले डमरू को बजाते हुए नृत्य करते हैं, वे हमारा मंगल करें।

**जटा कटाह सम्भ्रम भ्रमन्निलिम्प निर्झरी**
**विलोलवीचि वल्लरी विराजमान मूर्धनि।**
**धगद्धगद्धगज्ज्वल ललाट पट्ट पावके**
**किशोर चद्र शेखरे रतिः प्रति क्षणं मम।**

**अर्थ**—जटाजूट रूपी कड़ाह में अत्यन्त वेग गति से भ्रमण करती हुई देवनदी अर्थात् भागीरथी की चंचल तरंगरूपी लता

जिनके मस्तक में विराजमान है और धक्-धक् शब्द उच्चारित करती हुई अग्नि जिनके ललाट में प्रज्वलित हो रही है और नवीन चन्द्रमा को मस्तक पर धारण करने वाले ऐसे श्री भगवान् शिव के विषय में मेरी प्रीति प्रतिक्षण अर्थात् सदैव बढ़ती रहे।

**धरा धरेन्द्र नन्दिनी विलास बन्धु बन्धुर-**
**स्फुरद्दृगंत संतति प्रमोद मान मानसे।**
**कृपा कटाक्ष धोरणी निरुद्धदुर्धरापदि**
**क्वचिद्दिगम्बरे मनो विनोदमेतु वस्तुनि।**

**अर्थ**–गिरिराज की पुत्री श्री पार्वती के विलासयुक्त मनोहर कटाक्षों से जिनके मन में आनंद छा रहा है, अपने भक्तों की कठिन विपत्तियों को जिन्होंने दूर कर दिया है, ऐसे तथा दिशा रूपी वस्त्र को धारण करने वाले शिवजी के विषय में मेरा मन आनंद को प्राप्त हो।

**जटा भुजंग पिंगल स्फुरत्फणा मणिप्रभा**
**कदम्ब कुंकुम्मद्रव प्रलिप्त दिग्वधू मुखे**
**मदान्ध सिन्धुरस्फुरत्त्वगुत्तरीय मेदुरे**
**मनो विनोदमद्भुतं विभर्तु भूत भर्तरी।**

**अर्थ**–जटाओं में लिपटे हुए सर्पों के पीत वर्ण और प्रकाशमान फणों की मणियों की कान्ति रूपी केशर से जिन्होंने दिशारूपी स्त्रियों के मुख को लिप्त अर्थात् पीला कर दिया है और जो मदोन्मत्त गजासुर के चर्म के उत्तरीय अर्थात् ओढ़ने के वस्त्र से शोभायमान हैं, ऐसे सब प्राणियों की रक्षा करने वाले शिव के विषय में मेरे मन को अद्भुत आनन्द प्राप्त हो।

**ललाट चत्वरज्वलद्धनंजय स्फुलिंगभा-**
**निपीत पंच सायकं नमन्निलिम्प नायकम्।**
**सुधा मयूख लेखया विराजमान शेखरं,**
**महाकपालि सम्पदे सरिज्जटालमस्तु नः।**

**अर्थ**–जिन्होंने अपने मस्तकरूपी आंगन में जलती हुई अग्नि कणों से कामदेव को भस्म कर दिया है, जिन्हें इन्द्रादि देव नमस्कार करते हैं, जिनका मस्तक चन्द्रमा की रेखा से शोभायमान हो रहा है और जिनकी जटाओं में गंगाजी विराजमान हैं, ऐसे कपाली श्री शिव हमको धर्मादि सम्पत्ति प्रदान करें।

सहस्त्र लोचन प्रभृत्य शेष लेख शेखर-
प्रसूनधूलि धोरणी विधूसरांघ्रि पीठ भूः।
भुजंग राजमालया निबद्ध जाट जूटकः
श्रियै चिराय जायतां चकोर बन्धु शेखरः।।

**अर्थ**—इन्द्र प्रभृति देवगणों के मुकुटों में लगे हुए फूलों की मालाओं के पराग से जिनके चरणों के नीचे की भूमि धूसर रंग की हो रही है, सर्पो के राजा वासुकि नाग की माला बनाकर, उससे अपनी जटा को जिन्होंने बांध रखा है और चन्द्रमा जिनके मस्तक को सुशोभित करते हैं ऐसे श्री शिवजी बहुत काल तक हमको धर्म, अर्थ, काम और मोक्षरूपी संपत्ति प्रदान करें।

कराल भाल पटिट्का धगद्धगद्धगज्ज्वल-
द्धनंजयाधरी कृत प्रचण्ड पंच सायकं।
धरा धरेन्द्र नन्दिनी कुचाग्र चित्र-पत्रक-
प्रकल्पनैक शिल्पिनि त्रिलोचने रतिर्मम।

**अर्थ**—जिन्होंने अपने भयंकर मस्तक रूपी पटि्टका से धक्-धक् शब्द कर जलती हुई अग्नि में कामदेव को होम दिया है, जो हिमालय पुत्री पार्वती के स्तनों के अग्रभाग में चित्रकारी करने में परम चातुर्य हैं जिनके तीन नेत्र हैं, ऐसे भगवान श्री शिव मे मेरा प्रेम बना रहे।

नवीन मेघ मण्डली निरुद्धदुर्धरस्फुरत्-
कुहूनिशीथिनीतमः प्रबन्ध बन्धु कन्धरः।
निलिम्प निर्झरी धरस्तनोतु कृत्ति सिन्धुरः
कलानिधान बन्धुरः श्रियं जगद्धुरन्धरः।

**अर्थ**—नवीन मेघों की घटाओं से परिपूर्ण अमावस्या के अन्धकार के समान अत्यन्त श्याम कण्ठ वाले, देवनदी श्री गंगाजी को जो धारण किये हुए हैं, हाथों के चर्म से जिनका शरीर शोभायमान है और चन्द्रमा से जिनका मस्तक विभूषित हो रहा है, संसार के भार को धारण करने वाले ऐसे श्री शिवजी हमारी धर्म आदि चारों सम्पत्तियों को बढ़ायें।

प्रफुल्ल नील पंकजं प्रपंच कालिम प्रभा-
ऽवलम्बि कण्ठ कन्दली रुचि प्रबंद्ध कन्धरम्।
स्मरच्छिदं पुरच्छिदं भवच्छिदं मखच्छिदं
गजच्छिदान्ध कच्छिदं तमन्त कच्छिदं भजे।

**अर्थ**—जिनकी ग्रीवा विकसित नीलकमल की कालिमा के समान सुन्दर कृष्ण कान्ति से शोभायमान है, जिन्होंने कामदेव को भस्म कर दिया था, जिन्होंने त्रिपुर दैत्य का वध किया है, जो संसार के भय को मिटाने वाले हैं, जिन्होंने दक्ष यज्ञ का विनाश कर दिया था, जिन्होंने गजासुर और अन्धकासुर दैत्यों का नाश किया है और जो काल का छेदन करने वाले हैं, ऐसे श्री शिव का मैं सदैव भजन करता हूं।

**अखर्व सर्व मंगला कला कदम्ब मंजरी**
**रस प्रवाह माधुरी विजृम्भणा मधुव्रतम्।**
**स्मरान्तकं पुरान्तकं भवान्तकं मखान्तकं**
**गजान्तकान्ध कान्तकं तमन्त कान्तकं भजे।**

**अर्थ**—यदि सब प्रकार के कल्याणों को देने वाली चौंसठ कला और चौदह विद्याओं को कदम्ब का वृक्ष मान लें तो उनकी मंजरी से निकले हुए रस की मधुरता का आस्वादन करने में जो भ्रमर के समान है अर्थात् सब विद्याओं को जानने वाले हैं, जो कामदेव और त्रिपुरासुर का नाश करने वाले हैं, जो संसार के भय को मिटाने वाले हैं उन्होंने दक्ष के यज्ञ का नाश कर दिया था और जो गजासुर अन्धकासुर और काल का नाश करने वाले हैं, मैं ऐसे सदा शिव का भजन करता हूं।

**जयत्व दभ्र विभ्रम भ्रमद् भुजंगमस्फुरद्।**
**धगद्धगद्धवनिर्गमत् कराल भाल हव्यवाट्।**
**धिमि द्धिमि द्धिमिद् ध्वनन् मृदग तुंग मंगल-**
**ध्वनि क्रम प्रवर्तितः प्रचंड तांडवः शिवः।।**

**अर्थ**—जिनके कराल भाल (मस्तक) में अत्यंत वेग से भ्रमण करते हुए भयभीत सर्पों के श्वास से अग्नि तीव्र हो गई है तो भी धिम्-धिम् शब्द करते हुए मृदङ्ग की ऊंची मंगल ध्वनि के अनुसार ताण्डव नृत्य में प्रवृत्त होते हैं। ऐसे शिवजी सदा जय को प्राप्त हों।

**दृषद्विचित्र तल्पयो भुंजङ्ग मौक्तिकस्त्रजो-**
**गरिष्ठ रत्न लोष्ठयोः सुहृद् विपक्ष पक्षयोः।**
**तृणारविन्द चक्षुषोः प्रजामही महेन्द्रयोः,**
**समं प्रवृत्तिकः कदा सदाशिवं भजाम्यहम्।।**

**अर्थ**—पत्थर की शिला और पुष्पादि की विचित्र शैया में सर्प और मोतियों की माला में, बहुमूल्य रत्न और मृत्तिका के ढेले में, मित्र और शत्रु में, तृण और कमल के समान नेत्रो वाली स्त्रियों में प्रजा और चक्रवर्ती राजा में समान दृष्टि वाला होकर अर्थात् इन सब में कुछ भेद न समझकर मैं सदा शिव का कब भजन करूंगा?

**कदा निलिम्प निर्झरी निकुंज कोटरे वसन्,**
**विमुक्त दुर्मतिः सदा शिरस्थमञ्जलिं वहन्।**
**विमुक्त लोल लोचनो ललाम भाल लग्नकः।**
**शिवेति मन्त्रमुच्चरन् कदा सुखी भवाम्यहम्**

**अर्थ**—मैं देवताओं की नदी श्री गंगा जी के निकुंज के भीतर बैठकर दुष्ट प्रवृत्ति को त्याग कर, सदा दोनों हाथ जोड़कर शिर पर रखता हुआ तथा अत्यन्त चंचल नेत्र वाली स्त्रियों में रत्न रूपी पार्वती जी के ललाट में लिखे हुए 'शिव शिव' इस मन्त्र का उच्चारण करता हुआ कब सुखी होऊंगा।

**निलिम्प नाथ नागरी कदम्ब मौलि मल्लिका-**
**निगुम्फ निर्झर क्षरन्मधूष्णिका मनोहरः।।**
**तनोतु नो मनोमुद विनोदिनीमहर्निशं,**
**परिश्रमः परं पदं तदंग जात्विषां चयः।।**

**अर्थ**—देवताओं के स्वामी इन्द्र की अप्सराओं के समूह के शिर में जो चमेली के फूलों के गुच्छे गुथ रहे हैं, उनकी अधिकता के साथ टपकते हुए पुष्प रस की गरमी से 'पसीने के निकलने के कारण' जिनका शरीर अत्यन्त मनोहर मालूम होता है और जो परम शोभा के स्थान हैं, ऐसे शिवजी के शरीर की कान्तियों का समूह हमारे मनानन्द को रात-दिन बढ़ावे।

**प्रचण्ड वाडवानल प्रभा शुभ प्रचारणीः**
**महाष्ट सिद्धिकामिनी जनावधूत जल्पनाः**
**विमुक्त वामलोचना विवाह कालिकं ध्वनिः**
**शिवेति मन्त्र भूषणो जगज्जयाय जायताम्।।**

**अर्थ**—समुद्र की अत्यन्त प्रचण्ड वाडवाडिन के समान प्रकाशमान और अमंगल को नाश करने वाली अणिमा, महिमादि अष्टसिद्धियों के साथ स्त्रियों ने जिनके मांगलिक शुभ गीत गाये हैं और 'शिव'

यह मन्त्र ही जिनका भूषण है, ऐसी जो मुक्त स्वभाव वाली वामलोचना अर्थात् सुंदर नेत्रों वाली पार्वती जी के विवाह समय की ध्वनि है, वह जगत् का कल्याण करें।

**इमंहि नित्यमेव् मुक्त मुक्तमोत्तम स्तवं,**
**पठन् स्मरन् ब्रुवन् नरो विशुद्धिमेति संततम्।**
**हरै गुरौ स भक्तिमाशु याति नान्यथा गतिं**
**विमोहनं हि देहिनां तु शंकरस्य चिन्तनम्।।**

**अर्थ**—उत्तमोत्तम इस शिवस्तव को नित्य पढ़ने, बोलने तथा मनन करने वाला मनुष्य सदैव शुद्धि-बुद्धि वाला वन जाता है और देवगुरु श्री शंकर भगवान् में भक्ति प्राप्त करके अन्त काल में मुक्ति को प्राप्त होता है और जब तक इस जगत् में जीवित रहता है तब तक प्राणी मात्र को मोहित कर लेता है क्योंकि वह परम सम्मोहन स्तव है।

**पूजा ऽवसान समये दशवक्त्र गीतं**
**यः शम्भु पूजनमिदं पठति प्रदोषे।।**
**तस्य स्थिरां रथ गजेन्द्र तुरंग युक्तां**
**लक्ष्मी सदैव सुमुखीं प्रददाति शम्भुः।।**

**अर्थ**—जो मनुष्य प्रदोष काल में पूजा के समाप्त होने पर शंभू की पूजा ही जिनमें प्रधान है, ऐसे रावण के बने हुए इस स्तोत्र का पाठ करता है, उसी की शिवजी मदोन्मत्त हाथी और घोड़ों आदि के साथ सदैव स्थिर रहने वाली धन-धान्य से युक्त सुखदायक लक्ष्मी प्रदान करते हैं।

## शिव महिम्नः स्तोत्र

**महिम्नः पारं ते परमविदुषो यद्यसदृशी**
**स्तुतिर्ब्रह्मादीनामपि तदवसन्नास्त्वयि गिरिः।**
**अथावाच्यः सर्वः स्वमति परिणामावधि गुणन्**
**ममाप्येष स्तोत्रै हर! निरपवादः परिकरः।।**

**अतीतः पन्थानं तव च महिमा वाङ्मनसयो-**
**रतद्व्यावृत्त्या यं चकितमभिधत्ते श्रुतिरपि।**
**सः कस्य स्तोतव्यः कतिविधगुणः कस्य विषय**
**पदेर्त्त्वर्वाचीने पतति न मनः कस्य न वचः।।**

**मधुस्फीता वाचः परमममृतं निर्मितवत-**

स्तव ब्रह्मन्! किं वागपि सुर गुरोर्विस्मय पदम्
मम त्वेतां वाणीं गुणकथन पुण्येन भवतः
पुनाभीत्यर्थे ऽस्मिन् पुरमथन बुद्धिर्व्यवसिता।।

तवैश्चर्यं यत्तज्जगदुध्य रक्षा प्रलयकृत
त्रयीवस्तुव्यस्तं तिसृषु गुणभिन्नासु तनुषु।
अभव्यानामस्मिन् वरद! रमणीयामरमणीं
विहन्तुं व्याक्रोशीं विवधत इहैके जडधियः।।

किमीहः किंकायः! सखलु किमुपायस्त्रिभुवनं
किमाधारो धाता सृजति किमुपादान इति च।
अतर्क्यैश्वर्ये त्वय्यनवसर दुःस्थो हतधियः
कुतर्को यं कांश्चिन् मुखरयति मोहाय जगतः

अजन्मानो लोकाः किमवयव वन्तो ऽपि जगता-
मधिष्ठा तारं, किं भवविधिरनादृव्य भवति।
अनीशो वा कुर्याद् भुवन जनने कः परिकरो
यतो मन्दास्त्वां प्रत्यमरवर! संशेरत इमे।।

त्रयी सांख्यं योगः पशुपतिं वैष्णवमिति
प्रभिन्ने प्रस्थाने परमिदमदः पथ्यमिति च।
रुचौनां वैचित्र्याद् ऋजु कुटिलनाना पथ जुषां
नृणामेको गम्यस्त्वमसि पयसामर्णव इम

महोक्षः खट्वांगं परशुरजिनं भस्म फणिनः
कपालं चेत्तीयत्तव वरद! तन्त्रोपकरणम्।
सुरास्तां तामृद्धिं विदधति भवद्भ्रूप्रणिहितिं
नहि स्वात्मा रामं विषय मृगतृष्णा भ्रमयति।।

ध्रुवं कश्चित्सर्वं सकलमपरस्त्व ध्रुवमिहं
परो ध्रौव्याध्रौव्ये जगति गदति व्यस्त विषये।
समस्तेऽप्येतस्मिन् पुरमथन! तैर्विस्मित इव
स्तुवञ्जिह्वे मित्वांन खलु ननु धृष्टा मुखरता।।

तवैश्वर्यं यत्नाद्यदुपरि विरञ्चिर्हरिरधः
परिच्छेत्तुं यातावनलमनलस्कन्धवपुषः।
ततो भक्तिः श्रद्धा भरगुरु गृणद्भ्यां गिरिश! यत
स्वयं तस्थै ताभ्यां तव किमनुवृत्तिर्न फलति।।

अयत्नादापाद्य त्रिभुवनमवैरव्यतिकरं

दयास्यो यद् बाहूनभृत रणकण्डू परवशान्।
शिरः पद्म श्रेणी रचित चरणेभ्योरुह वलेः
स्थिरायास्तत्वद् भक्ते स्त्रिपुरहर! विस्फूर्जितमिदम्।।

अमुष्यत्वत्से वासमधिगतसार भुजवनं
बलात्कैलासेपि त्वदधिवसतौ विक्रमयतः
अलभ्या पातालेऽ प्यलस चलितांगुष्ठ शिरसि
प्रतिष्ठात्वय्यासोद ध्रुव मुपचितो मुह्यति खलः।।

यदृद्धिं सुत्राम्णो वरद परमोच्चैरपि सती
मधश्चक्रे वाणः परिजन विधेयत्रिभुवनः।
न तच्चित्रं तस्मिन वरिवसितरित्वच्चरणयो
र्न कस्या उन्नत्यै भवति शिरसरसस्त्वय्यवनतिः।।

अकाण्डब्रह्माण्डक्षय चकित देवासुर कृपा
विधेयस्यासीद्यास्त्रिनयनं विषं संहृतवतः।
सकल्माषः कण्ठे तव न कुरुते न श्रियमहो
विकोरा ऽपि श्लोघ्यो भुवन भय भंग व्यसनिनः।।

असिद्धार्था नैव क्वचिदपि सदेवासुर नरे
निवर्तन्ते नित्यं जगति जयिनो यस्य विशिखाः।
स पश्यन्नीश त्वामितरसुर साधारणमभूत्
स्मरः स्मर्तव्यात्मा नहि वशिषु पथ्य परिभवः।।

महोपादाघाताद् व्रजति सहसा संशयपदं
पदं विष्णोर्भाम्यद् भुजपरिधरुग्ण ग्रहगणम्।
मुहुर्द्यौदौस्थ्यं यात्मयनिभृत जटाताडित तटा।
जगद् रक्षायै त्वं नटसि ननु वामैव विभुता।।

वियद् व्यापी तारागण गुणित फेनोद्गमरुचिः
प्रवाहो वारायः पृषतलधुदृष्टः शिरसि ते।
जगद् द्वीपाकारं जलधिवलयं तेन कृतमि-
त्यनेनैवोन्नेय घृत महिम दिव्यं तव वपुः।।

रथः क्षोणी यन्ता शतघृतिरगेन्द्रो धनुरथो
रथाङ्गे चन्द्रार्कौ रथचरण पाणिः शर इति।
दिधक्षोस्ते कोऽयं त्रिपुरतृणमाडम्बर विधि-
र्विधेयैः क्रीडन्त्यो न खलु परतन्त्राः प्रभुधियः।।

हरिस्ते साहस्यं कमलबलिमाधाय पदयो-

र्यदेकोने तस्मिन्निजमुदहरन् नेत्रकमलम्।
गतो भक्त्युद्रेकः परिणतिमसौ चक्रवपुषा
त्रयाणां रक्षायै त्रिपुर हर! जागर्ति जगताम्।।
क्रतौ सुप्ते जाग्रत्त्वमसि फलयोगे क्रतुमतां
क्व कर्म प्रध्वस्त फलति पुरुषाराधन मृते।
अतस्त्वां सम्प्रेक्ष्य क्रतुषुफलदान प्रतिभुवं
श्रुतौ श्रद्धां बद्ध्वा कृतपरिकरः कर्मसु जनः।।
क्रियादक्षो दक्षः क्रतुपतिरधीशस्तनुभृता
मुषीणामार्त्त्विज्यं शरणद! सदस्याः सुरगणाः।
क्रतुभ्रेषस्त्वः क्रतु फलविधान व्यसनिनो
ध्रुवं कर्तुः श्रद्धार्विधुरमभिचारा हि मखाः।।
प्रजानाथं नाथ प्रसमयभिकं स्वां दुहितरं
गतं रोहिदभूतां रिरमयिशुमृप्यस्य वपुषा।
धनुष्पाणेर्यातं दिवमपि सपत्राकृतममुं
त्रसन्तं तेऽद्यापि त्यजति न मृगव्याधरभसः।।
स्वलावण्याशंसाधृत धनुषमह्नय तृणवत्
पुरः प्लुष्टं दृष्ट्वा पुरमथन पुष्पायुधमपि।
यदि स्त्रेणं देवी यमनिरत देहार्धघटना-
दवैति त्वामद्धा बत वरद मुग्धा युवतयः।।
श्मशानेष्वाक्रीडास्मरहर पिशाचाः सहचरा
श्चिताभस्मालेपः त्वगपि नृकरीटी परिकरः।
अमङ्गल्यं शीलं तव भवतु नामैवमखिलं
तथापि स्मर्तृणां वरद परमं मंगलमसि।।
मनः प्रत्यक्चित्ते सविधमवधायात्तमरुतः
प्रहृष्य द्रोमाणः प्रमद सलिलोत्सङ्गितदृशः।
यदालोक्या ह्लादं ह्रद इव निमज्यामृतमये
दधत्यन्तस्त्वं किमपि यमिनस्तत्किल भवान्।।
त्वमर्कस्त्वं सोमस्त्वमसि पवनस्त्वं हुतवह-
स्त्वमापस्त्वं व्योमत्वमु धरणिरात्मा त्वमिति च।
परिच्छन्नामेव त्वयि परिणता विभ्रतुगिरं
न विन्दस्तत्तत्वं वयमिह तु यत्त्व न भवसि।।
त्रयीत्रिस्त्रो वृत्तीस्त्रिभवन मथो त्रीनपि सुरा-

नकाराद्यैर्वर्णैस्त्रिभिरभिदधत्तीर्णं विकृति।
तुरीयं ते धाम ध्वनिभिरवरुन्धानमणुभिः
समस्तं व्यस्तं त्वां शरणद गृणात्योमिति पदम्।।
भवः शर्वो रुद्रः पशुपतिरथोग्रः सहमहां-
स्तथा भीमेशानाविति यदभिधानाष्टकमिदम्।
अमुष्मिन्प्रत्येकं प्रविचरति देव श्रुतिरपि
प्रियायास्मैधाम्ने प्रणिहितनमस्योऽस्मि भवते।।
नमो नेदिष्टाय प्रियदव! दविष्ठाय च नमो
नमः क्षोदिष्ठाय स्मरहर! महिष्ठाय च नमः
नमो वर्षिष्ठाय त्रिनयन! यविष्ठाय च नमो
नमः सर्वस्मै ते तदिदमिति सर्वाय च नमः।।
बहुलरजसे विश्वोत्पत्तौ भवाय नमो नमः
प्रबलतमसे तत्संहारे हराय नमो नमः।
जनसुखकृते सत्वोद्रिक्तौ मृडाय नमो नमः
प्रमहसि पदे निस्त्रैगुण्ये शिवाय नमो नमः
कृशपरिणाति चेतः क्लेशवश्यं क्व चेदं
क्वच तव गुणसीमोल्लङ्घिनी शश्वदृद्धिः
इति चकितममन्दी कृत्य मां भक्ति राधाद्
वरद चरणयोस्ते वाक्य छपुष्पोपहारम्
असित गिरि समस्यात्कज्जलं सिन्धुपात्रो
सुरतरुवर शाखा लेखनीं पत्रामुर्वी।
लिखति यदि गहीत्वा शारदा सर्वकालं
तदपि तव गुणानामीश पारं न याति।।
असुरसुर मुनीन्द्रैरर्चित स्येन्दुमौले-
ग्रंथितगुण महिम्नो निर्गुणास्येश्वरस्य।
सकलगुणवरिष्ठः पुष्पदन्ताभिधानो
रुचिरमल धुवृत्तौः स्तोत्रामेतच्चकार।।
अरहरनवद्यं धूर्जटेः स्तोत्रामेतत्
पठति परम भक्त्या शुद्धचित्तः पुमान् यः।
स भवति शिव लोके रुद्र तुल्यस्तथाऽत्र
प्रचुरतर धनायुः पुत्रवान् कीर्तिमाश्च।।
दीक्षा दानं तपस्तीर्थ स्नान यागादिकाः क्रियाः।

महिम्नस्तव पाठस्य कलां नार्हन्ति षोडशीम्।।
आसमाप्तमिदं स्तोत्रं सर्वमीश्वर वर्णनम्।
अनौपम्यं मनोहारि पुण्यं गन्धर्व भाषितम्।।
महेशान्नापरो देवो महिम्नो नापरा स्तुतिः।
अधोरान्नापरो मन्त्रो नास्ति तत्त्वं गुरोः परम्।।
कुसुमदशननामा सर्वगन्धर्व राजः
शिशुशशधर मौलेर्देव देवस्य दासः।
सखलु निज महिम्नो भ्रष्ट एवास्य रोषात्
स्तवन मिदमकार्षीद् दिव्य दिव्यं महिम्नः।।
सुरवमुनि पूज्यं स्वर्ग मोक्षैकहेतुं
पठति यदि मनुष्यः प्राञ्जलिर्नान्यचेताः।
व्रजति शिव समीपं किन्नरैः स्तूयमानः
स्तवनमिदममोघं पुष्पदन्त प्रणीतम्।।
श्री पुष्पदन्तमुख पङ्कज निर्गतेन
स्तोत्रेण किल्विषहरेण हर प्रियेण।
कंठस्थितेन पठितेन समाहितेन
सुप्रीणितो भवति भूत पतिर्महेशः।।
इत्येषा वाङ्मयी पूजा श्रीमच्छङ्करपादयोः
अर्पिता तेन देवेशः प्रीयतां मे सदाशिवः।
यदक्षरं पदं भ्रष्टं मात्राहीनं च यद्भवेत्
तत्सर्वं क्षम्यतां देव! प्रसीद परमेश्वर
पूर्णमदः पूर्णमिदं पूर्णात्पूर्णमुदच्यते।
पूर्णस्य पूर्णमादाय पूर्णमेवावशिष्यते

## रुद्राक्ष

रुद्राक्ष भगवान शिव शंकर, कैलाशपति का विशेष आभूषण है। रुद्राक्ष दीर्घायु प्रदान करने व अकाल मृत्यु को दूर करने में समर्थ है। सद् गृहस्थ को अन्न, धन, लक्ष्मी ऐश्वर्य, सुख, आनन्द, काम देने में सक्षम है। वही योगी, तपी, मुनी, संन्यासी, यति, गृहत्यागियों को धर्म और मोक्ष देने में समर्थ है। स्त्री जातकों को पुत्र प्रदान करने में भी सहायक है। रुद्राक्ष जानी–अनजानी दैहिक, भौतिक, आध्यात्मिक उपद्रवों और व्याधियों को दूर करने में समर्थ है। मन को शान्ति और सन्तोष भी प्रदान कर जातक को हर्षित और

प्रफुल्लित रखता है। योगीजनों को कुण्डलिनी जागृत करने में सहायक होता है। भूत-प्रेत-डाकिनी-शाकिनी-पिशाच-ब्रह्म-राक्षस-वैताल आदि के नाना प्रकार के उपद्रवों से भी मनुष्य को कदम-कदम पर बचाता है। हर प्रकार के कार्य-व्यवसायों में उन्नति प्रदान करने में रुद्राक्ष सहायक होता है।

रुद्राक्ष, यह एक मध्यम कद आकार का वृक्ष होता है जो हिमालय की तलहटी, नेपाल तथा भूटान देश की ओर विशेषकर पाया जाता है। इस पौधे के पत्ते छोटे-छोटे और थोड़े गोल से होते हैं। इसी वृक्ष के बीज को रुद्राक्ष कहा जाता है। भिन्न-भिन्न प्रान्तों में रुद्राक्ष के भिन्न-भिन्न नाम हैं। हिन्दी भाषी इसे 'रुद्राक्ष' नाम से जानते हैं, तो बंगला में 'रुद्राक्य' महाराष्ट्र और गुजरात में 'रुद्राक्ष' तमिल में 'अक्कम' तो तेलगु में 'रुद्रचल्लु' असम में 'रुद्रई' 'लुद्राक', 'उद्रोक' संस्कृत में 'रुद्राक्ष' 'शिवाक्ष' 'भूतनाशन' 'नील कण्ठाक्ष' 'हरी हराक्ष' और आंग्ल भाषा में Utra Swam Beed Tee कहते हैं।

रुद्राक्ष के बारे में आयुर्वेदाचार्यों का कहना है कि यह खट्टा, गरम वायु को नष्ट करने वाला, कफजनित व्याधियों का नाशक तथा शिरो रोग मिटाने वाला एवं क्षुधा अर्थात् भूख को बढ़ाने वाला है।

चेचक, ओदरी, बोदरी, अपछेड़ा (अछबड़ा) की बीमारी में रुद्राक्ष की माला पहनना उपयोगी रहता है अर्थात् रुद्राक्ष माला को पहनने से उक्त बीमारियां नष्ट हो जाती हैं। यदि रोग होने से पूर्व ही माला धारण किए हुए हैं जो जातक को उक्त बीमारियां होती ही नहीं हैं। रुद्राक्ष धारण करने पर मानसिक उन्माद तथा भूत-प्रेत-पिशाच-बाधा कभी जातक को नहीं सतातीं। यदि छोटे बच्चे को कफ हो गया है अथवा छाती में कफ का जमाव हो गया है तो रुद्राक्ष के दाने घिसकर मधु में अर्थात् शहद में चटाने पर कफ निकल जाता है तथा रोगी बालक को पूरा-पूरा आराम मिल जाता है।

ब्लड-प्रेशर के रोगियों के लिए तो यह राम बाण ओषधि का काम करता है। यदि रुद्राक्ष की माला धारण किए रहें तो मनुष्य को जीवन में कभी भी ब्लड-प्रेशर की शिकायत नहीं होती है।

यदि रक्तचाप बढ़ा हुआ है तो असली रुद्राक्ष के दो-तीन दाने जल में भिगोकर रात भर रखें तथा प्रातः खाली पेट उस जल को पी लें, इस प्रकार करने से सप्ताह भर में रक्तचाप कम हो जाता है। तथा नियमित रूप से सेवन किए जाने पर यह रोग सदैव के लिए समाप्त हो जाता है। हृदयगत रोग में यह गले में धारण किया जाता है और यह उचित भी है। इससे हृदय रोग समाप्त हो जाता है। ऐसा प्रयोग कम-से-कम तीन माह तक करना चाहिए। चेचक हो जाने पर पानी में घिसकर व्रण पर लगाने में चेचक का रोग ठीक हो जाता है।

ऐसी मान्यता है कि असली रुद्राक्ष धारण करने वाला व्यक्ति स्वयं रुद्र तुल्य हो जाता है। शिव को यह अत्यन्त प्रिय है एवं बिना रुद्राक्ष के शिव-पूजा मान्य नहीं होती—

**'बिना भस्म त्रिपुण्डेन, बना रुद्राक्ष मालया'**
**पूजितोऽपि महादेवो न स्यात् तस्य फलप्रदः।।**

इनके दर्शन करने मात्र से पाप नाश हो जाते हैं। जो प्राणी भुक्ति, मुक्ति, मोक्ष, भोग, आदि को समान रूप से चाहता है, उसके लिए रुद्राक्ष ही सर्वाधिक अनुकूल है। रुद्राक्ष धारण किए हुए मनुष्य को काल स्वयं भी भयभीत नहीं करता। शिव स्वयं मत्युञ्जय हैं और इन्हें रुद्राक्ष प्रिय है अतः रुद्राक्ष धारण किया जीव इन्हें विशेष प्रिय है। इससे जाप करने पर अर्थात रुद्राक्ष की माला से जाप करने पर मन्त्र-सिद्धि जल्दी होती है। शिवपुराणानुसार यदि मनुष्य धर्महीन व कुकर्मी हो परन्तु वह रुद्राक्ष से प्रेम करता है या रुद्राक्ष धारण किए हुए है तो वह भी समस्त प्रकार के पापों से छूटकर शिव पद को प्राप्त करता है। यों कहें कि रुद्राक्ष को धारण करने वाला कुकर्मी एवं अधर्मी हो ही नहीं सकता। वह स्वतः धार्मिक व शुभकर्मी हो जाता है।

किसी भी वर्ण, धर्म जाति का व्यक्ति अर्थात् मानव मात्र रुद्राक्ष धारण कर सकता है। परन्तु उसे शुद्ध एवं पवित्र एवं असली रुद्राक्ष ही धारण करना चाहिए। दिन को रुद्राक्ष धारण करने से रात्रिजनित पाप समाप्त हो जाते हैं तथा रात्रि को धारण किए जाने पर दिन भर में किए पाप अर्थात् अनजाने में किए पाप नष्ट हो जाते हैं।

शास्त्रानुसार स्वयं शिव ने रुद्राक्ष की उत्पत्ति के बारे में षड़ानन्द को बताया था कि एक समय त्रिपुर नामक दैत्य अत्यन्त ही दुर्जय तथा पराक्रमी हो गया था। उसने ब्रह्मा, विष्णु आदि सभी देवताओं का अपमान, तिरस्कार करना प्रारम्भ कर दिया था, तब देवताओं ने मुझे त्रिपुर का वध करने के लिए कहा और इस निमित्त मैंने महाघोर रूपी अघोर अस्त्र का चिन्तन किया और एक हजार वर्ष तक जब मैंने अपने नेत्र बन्द किए तो मेरे नेत्रों से जो जल-बिन्दु गिरे, पृथ्वी पर उन अश्रु बिन्दुओं से रुद्राक्ष वृक्ष उत्पन्न हुए।

## रुद्राक्ष धारण के नियम

१. रुद्राक्ष सभी वर्ण व जाति के लोग धारण कर सकते हैं परन्तु ब्राह्मण, क्षत्रिय, वैश्य को चाहिए कि वे मन्त्र पूरित रुद्राक्ष को धारण करें पर अन्य बिना मंत्र के भी रुद्राक्ष धारण कर सकते हैं।

२. रुद्राक्ष धारण करते समय पंचाक्षरी मन्त्र प्रणव लगाकर अर्थात् 'ॐ नमः शिवाय' का जाप करना चाहिए तथा ललाट, भाल पर भस्म का तिलक या त्रिपुण्ड लगाना चाहिए।

३. स्नान, दान, जप, यज्ञ, हवन, वैश्वदेव, देवार्चन, ध्यान, प्रायश्चित्त, वास्तु, श्राद्ध, दीक्षा काल में यदि बिना रुद्राक्ष धारण किए जो कुछ भी वैदिक, दैविक कार्य किया जाता है, वह सर्वथा व्यर्थ जाता है। ऐसी मान्यता है।

४. अपवित्रता के साथ रुद्राक्ष धारण नहीं करना चाहिए तथा भक्ति भाव एवं पूर्ण श्रद्धा के साथ ही रुद्राक्ष धारण करना चाहिए।

५. स्वर्ण अथवा रजत अर्थात् सोने या चांदी के तारों में पिरोकर रुद्राक्ष की माला धारण करना श्रेष्ठ रहता है। इसके अभाव में लाल या पीले धागे में पिरोकर भी रुद्राक्ष धारण किया जा सकता है।

६. पुरुष वर्ग यज्ञोपवीत, कंठी, हाथ, कण्ठ, पेट पर भी रुद्राक्ष को धारण कर सकता है।

७. जो प्राणी शिव-भक्त हैं। रोज शिवार्चन या रुद्राभिषेक करते हैं उन्हें रुद्राक्ष का कड़ा (मोरका) कलई पर पहनना चाहिए। विषम संख्या १, ३, ५, ७, ९, ११, १३, १५, १७, १९, २१ से युक्त रुद्राक्ष माला धारण करना श्रेष्ठ है।

८. सोने की अंगूठी में यदि रुद्राक्ष जड़वा कर दाहिने हाथ की किसी भी अंगुली में धारण करे तो उसे मनोवांछित फल प्राप्त होता है।

९. जो मनुष्य सिर पर रुद्राक्ष धारण करके स्नान करता है उसे गंगा-स्नान का पुण्य फल प्राप्त होता है।

१०. जो नित्य रुद्राक्ष पूजन या रुद्राक्ष धारण करता है वह राजा के तुल्य धन-धान्य से सम्पन्न होता है।

११. रुद्राक्ष धारण करने पर चालीस से पचास दिन के भीतर कार्य की सिद्धि निश्चय ही होती है परन्तु इसमें अटूट श्रद्धा तथा विश्वास का होना आवश्यक है।

१२. मृग चर्म पर बैठकर पूर्वाभिमुख या उत्तराभिमुख होकर रुद्राक्ष, धारण कर किसी भी मंत्र का जप किया जाय तो अभूतपूर्व सिद्धि प्राप्त होती है।

१३. रुद्राक्ष का दर्शन करने से पुण्य लाभ, स्पर्श से करोड़ गुणा पुण्य तथा धारण करने से सौ गुना पुण्य फल प्राप्त होता है तथा इसके जप से करोड़ गुणा फल मिलता है।

**'फलस्य दर्शने पुण्यं स्पर्शात्कोटिगुणं भवेत्,**
**शतकोटि गुणं पुण्य धारणाल्लभत नरः।**
**लक्ष्य कोटि सहस्राणि लक्ष कोटि शतानि च,**
**जपाच्च लभते नित्यं नात्र कार्य वितारिणा '।।**

१४. शिव को प्रसन्न करने के लिए तथा शिव-साधन में सफलतार्थ रुद्राक्ष का दान श्रेष्ठतम माना गया है।

१५. मृत्यु अवस्था में जिसके गले में रुद्राक्ष होता है वह निश्चय ही शिव लोक को प्रस्थान करता है।

१६. शिव पुराणानुसार सिर पर रुद्राक्ष धारण करने से एक करोड़ गुना फल, कान में दस करोड़ गुना फल, गले में सौ करोड़ गुना फल तथा मणिबंध में रुद्राक्ष धारण करने से पूर्ण मोक्ष प्राप्त होता है।

१७. शास्त्रों के मतानुसार जो व्यक्ति दोनों भुजाओं में सोलह-सोलह शिखा में एक, हाथ में बारह, कण्ठ में बत्तीस, मस्तक पर चालीस, कान में एक-एक, वक्षस्थल पर छः—इस प्रकार १६+१६+१+१२+३२+४०+२+६=१२५ रुद्राक्ष धारण करता है वह साक्षात् रुद्र समान पूजनीय हो जाता है।

१८. बेर के समान मध्यम, चने के आकार वाले रुद्राक्ष अधम, आंवले के समान आकार वाले रुद्राक्ष श्रेष्ठ माने गये हैं।

१६. रुद्राक्ष चार प्रकार के होते हैं। अतः ब्राह्मण को श्वेत वर्ण का रुद्राक्ष क्षत्रिय को लाल वर्ण का, वैश्य को पीले व शूद्रों को काले वर्ण के रुद्राक्ष धारण करना चाहिए।

२०. जो रुद्राक्ष दृढ़, मजबूत, चिकना और मोटा होता है वह रुद्राक्ष श्रेष्ठ माना गया है। जो रुद्राक्ष कीड़ों का खाया हुआ बिना कांटों के छिद्र करते समय फटे हुए तथा कृत्रिम रुद्राक्ष अशुभ व हानिकारक माने गये हैं।

२१. जिस प्रकार कसौटी पर घिसने से सोने की रेखा पड़ जाती है ठीक उसी प्रकार जिस रुद्राक्ष से कसौटी पर रेखा पड़ जाये वह रुद्राक्ष श्रेष्ठ माना जाता है।

**माला-प्रकार**

शास्त्रानुसार अलग्-अलग कार्यों के लिए अलग-अलग मालाओं का विधान भी है—

१. पुत्र जीवा की माला धारण करने से पुत्र-रत्न की प्राप्ति होती है।

२. मोतियों की माला भाग्योदय व भाग्योन्नति में सहायक होती है।

३. मणियों की माला आर्थिक उन्नति, अर्थ-लाभ में सहायक है।

४. कुश-दर्भा की माला पापनाशक है।

५. सोने के मनकों की माला सभी प्रकार के मनोरथ पूर्ण कर सकने में सक्षम है।

६. मुक्ति हेतु स्फटिक माला उपयोगी है।

७. अरिष्ट मूल की माला अरिष्ट-नाशक होती है।

८. रुद्राक्ष माला धर्म, अर्थ, काम और मोक्ष चारों पदार्थ देने में सहायक है।

६. एक सौ चार दानों का माला स्वास्थ्य-लाभ देती है।

१०. एक सौ आठ दानों को माला सभी कार्यों में प्रयुक्त होती है।

११. एक सौ दाना की माला मोक्ष प्रदान करती है।

१२. सत्तावन दानों की माला सिद्धिदायक होती है।

१३. सत्ताईस दानों की माला तांत्रिक कार्यों में प्रयुक्त होती है।

१४. बत्तीस दानों की माला लक्ष्मी-प्राप्ति में सहायक है।

## रुद्राक्ष-धारण

मुख्यतः चौदह रुद्राक्ष श्रेष्ठ माने जाते हैं। यद्यपि भारत में १ से २१ मुखी तक रुद्राक्ष प्राप्त होते हैं।

## एकमुखी रुद्राक्ष

तांत्रिक क्षेत्र में शंकर के समान महाभोगी या महायोगी ही एकमुखी रुद्राक्ष धारण कर सकता है। जिसके पास एकमुखी रुद्राक्ष है वह जीवन में किसी वस्तु से वंचित नहीं रहता। उसे कोई अभाव या कोई कष्ट नहीं रहता। लक्ष्मी स्थायी रूप से उनके घर में विराजमान रहती है। एकमुखी रुद्राक्ष की एक पहचान और भी है कि इसे एक कप पानी में डाल दिया जाय तो आधे घंटे के बाद ही पानी गरम हो जाता है।

एकमुखी रुद्राक्ष धारण करने से चित्त में प्रसन्नता, मन में प्रफुल्लता अनायास धन की प्राप्ति, रोग, कष्ट, पीड़ा से मुक्ति, व्यक्तित्व में आकर्षण तथा जीवन में मनोवांछित इच्छाएं पूर्ण होती हैं। एकमुखी रुद्राक्ष धारण करने से पुराना दमा ठीक हो जाता है। तपेदिक जैसे रोगों से छुटकारा दिलाने में सहायक है।

प्रत्येक रुद्राक्ष की सिद्ध करने का एक विशिष्ट मन्त्र है अटूट लक्ष्मी प्राप्ति के लिए इस रुद्राक्ष को सिद्ध किया जाता है।

यह साक्षात् रुद्र स्वरूप है और विश्व में अत्यन्त दुर्लभ है। यह जिसके घर में एकमुखी रुद्राक्ष होता है, उसे जीवन में किसी प्रकार का कभी कोई अभाव नहीं रहता। रुद्राक्ष ब्रह्महत्या के दोष से छुटकारा दिलाने वाला माना गया है।

**मन्त्र**

**ॐ एं हं औं ऐं ऊं। इति मन्त्रः।**

**अस्य श्री शिव मन्त्रस्य प्रासाद ऋषिः पंक्ति छन्दः शिवो देवताः हंकारो बीजम् ॐ शक्तिः मम चतुवर्ग सिद्ध्यर्थे रुद्राक्ष धारणार्थे जपे विनियोगः।** (दाहिने हाथ में जल लेकर अस्य........

विनियोगः तक पढ़कर समाने रखे खाली पात्रादि में जल छोड़ दें।)

**न्यास**

**वामदेव ऋषये नमः शिरसि** (दाहिने हाथ से सिर स्पर्श करें)
**पंक्तिश्छन्दसे नमो मुखे** (दाहिने हाथ से मुख को स्पर्श करें)
**ऋ ऐं ऐं नमः हृदि** (हृदय भाग दाहिने हाथ से स्पर्श करें)
**हं बीजाय नमः गुह्ये** (गुह्य भाग स्पर्श करें)

**ॐ शक्तये नमः पादयोः** (दोनों पैरों का स्पर्श दाहिने हाथ से करें)

**ॐ ॐ हाँ अंगुष्ठाभ्यां नमः** (दोनों अंगूठों को तर्जनी से स्पर्श करें)

**ॐ ऐं ह्रीं तर्जनीभ्यां स्वाहा**
**ॐ ह्रीं हूं मध्यमाभ्यां वषट्**
**ॐ औं है अनामिकाभ्यां हुं**
**ॐ ऐं हौं कनिष्ठिकाभ्यां वौषट्**
**ॐ ॐ हैः करतल कर पृष्ठाभ्यां फट्। इति करन्यासः।**

**अंग न्यास**

**ॐ ॐ हां हृदयाय नमः।**
**ॐ ऐ ह्रीं शिरसे स्वाहा।**
**ॐ ह्रीं हूं शिखायै वषट्।**
**ॐ औं है कवचाय हुम्।**
**ॐ ऐं हौं नेत्र त्रयाय वौषट्।**
**ॐ ॐ हं अस्त्राय फट्।**

**ध्यानम्—**

**मुक्तापीन पयोद मौक्तिकजपावर्णैर्मुखैः पंचभि-**
**स्त्र्यक्षै राजितमीशमिन्दु मुकुटं पूर्णेन्दु कोटि प्रभम्।**
**शूलंटंक कृपाणवज्र दहनान्नागेन्द्र घंटा शुकम्।**
**हस्ताब्जेष्वभयं वरांश्चदधतं तेजोज्ज्वलं चिन्तये।।**

**एवं ध्यात्वा मानसोपचारैः संपूज्य कुर्याज्जप सहस्त्रकं तदन्तरमाभिमुख्य सामीप्यं, घटोपरि ताम्र पात्रं निधाय तत्र रुद्राक्षं क्षिप्त्वा पंक्ति प्राणायामं कृत्वा। पश्चात् वामे जलपात्रं धृत्वा तत्र तले सत्यहस्तं धृत्वा दक्षिण पाणिन। सहस्त्रजपं कुर्यात्। पुनस्तस्योपरि जलं क्षिपेत् रुद्राक्षं धारयेत्। एवं सर्वत्र विधिर्ज्ञेयः।।**

## द्विमुखी रुद्राक्ष

शास्त्रों में दोमुखी रुद्राक्ष अर्द्धनारीश्वर, का प्रतीक माना है। शिव-भक्तों के लिए इस रुद्राक्ष को धारण करना विशेषकर अनुकल है। तामसी वृत्तियों के परिहार के लिए यह सर्वाधिक उपयुक्त है। चित्त की एकाग्रता, मानसिक शान्ति, आध्यात्मिक उन्नति कुण्डलिनी जागरण आदि के लिए इसका प्रयोग सर्वथा उपयुक्त है। वशीकरण के लिए रुद्राक्ष का प्रयोग अचूक माना गया है। यह अर्धनारीश्वर होता है। इसे साक्षात् शिव स्वरूप माना गया है तथा इसके धारण करने से गोवध पाप दूर हो जाता है।

**मन्त्र**

ॐ क्षी ह्रीं क्षौं व्रीं ॐ। इति मन्त्रः।

**विनियोग**

**ॐ अस्य श्री देवदेवेश मन्त्रस्य अत्रि ऋषिः गायत्री छन्दः देव देवेशो देवता, क्षीं बीजं, क्षौं शक्तिः मम चतुर्वर्गसिद्ध्यर्थे रुद्राक्ष धारणार्थे जपे विनियोगः।**

**न्यास**

**अत्रि ऋषये नमः शिरसि**
**गायत्री छन्दसे नभो मुखे**
**देवदेवेशाय नमो हृदि**
**क्षीं बीजाय नमो गुह्ये**
**क्षौं शक्तये नमः पादयोः।**

**करन्यासः**

**ॐ ॐ अंगुष्ठाभ्यां नमः**
**ॐ क्षीं तर्जनीभ्यां स्वाहा**
**ॐ ह्रीं मध्यमाभ्यां वषट्**
**ॐ क्षौं अनामिकाभ्यां हुं**
**ॐ व्रीं कनिष्ठिकाभ्यां वौषट्**
**ॐ ॐ करतल कर पृष्ठाभ्यां फट्**

**अंगन्यास**

**ॐ ॐ हृदयाय नमः**

ॐ क्ष्रीं शिरसे स्वाहा
ॐ ह्रीं शिखायै वषट्
ॐ क्ष्रौं कवचाय हुं
ॐ व्रीं नेत्रयाय वौषट्
ॐ ॐ अस्त्राय फट्।

**ध्यानम्**

**तपनसोम हुताशन लोचनं।
धनसमान गलं शशिसुप्रभम्।
अभय चक्रपिनाक वरान्करै-
र्दधतमिन्दधरं गिरिशं भजेत्।।**

## त्रिमुखीरुद्राक्ष

यह रुद्राक्ष अग्नि स्वरूप माना गया है। यह त्र्याग्नि का प्रतिरूप है। इसे धारण करने से किसी प्रकार का रोग, बीमारी ज्वर पीड़ा, सन्निपात, कमजोरी आदि नहीं रहती। पीलिया जैसे रोग के लिए यह रामबाण ओषधि है। यदि दूध में घिसकर पिलाया जाय तो नेत्र-दोष, फूला, जाला आदि कट जाता है। इसे धारण करने से व्यक्ति सतत क्रियाशील रहता है। यदि नौकरी पाने में व्यवधान आ रहे हों, बेकार हो, रोगग्रस्त हो तो इसे धारण करने पर निश्चय ही कार्य-सिद्धि होती है।

यह रुद्राक्ष अग्निस्वरूप है। इसको धारण करने से स्त्री हत्या के पाप से जातक छूट जाता है।

**मन्त्र—ॐ रं इं ह्रीं हूं ॐ। इति मन्त्रः।**

**विनियोग**

**अस्य श्री अग्नि मन्त्रस्य वसिष्ठज ऋषिः। गायत्री छन्दः। अग्नि देवता ह्रीं बीज, हूं शक्ति चतुर्वर्ग सिध्यर्थे रुद्राक्षधारणार्थे जपे विनियोगः।**

**न्यास**

**वसिष्ठज ऋषये नमः शिरसि।
गायत्री छन्दसे नमो मुखे
अग्नि देवताय नमो हृदि
ह्रीं बीजाय नमो गुह्ये**

हूं शक्तये नमः पादयोः

**करन्यास**

ॐ ॐ अंगुष्ठाभ्यां नमः
ॐ रं तर्जनीभ्यां स्वाहा
ॐ इं मध्यमाभ्यां वषट्
ॐ हीं अनामिकाभ्यां हुं।
ॐ हूं कनिष्ठिकाभ्यां वौषट्
ॐ ॐ करतल कर पृष्ठाभ्या फट्

**अंगन्यास**

ॐ ॐ हृदयाय नमः
ॐ रं शिरसे स्वाहा
ॐ हुं शिखाय वौषट्
ॐ हीं कवचाय हुं
ॐ हूं नेत्रत्रयाय वौषट्
ॐ ॐ अस्त्राय फट्।

**ध्यान**

अष्ट शक्ति स्वस्तिकामाति मुच्चै-
दीर्घैभिर्धारयंतं जपाभम्।
हेमा कल्पं पद्म संस्थं त्रिनेत्र।
ध्यायेद् ब्रह्मिं बद्ध मौलिं जटाभिः

## चतुर्मुखी रुद्राक्ष

यह चतुर्मुख ब्रह्मा का प्रतिनिधि है। शिक्षा-प्राप्ति में यह विशेष सहायक है। जिसकी मंद बुद्धि हो, वाक् शक्ति कमजोर हो, स्मरण शक्ति क्षीण होती जा रही हो, उसके लिए यह रुद्राक्ष कल्पवृक्ष के समान है। इसे धारण करने से शिक्षा, भेंट आदि में इण्टरव्यू व साक्षात्कार में असाधारण सफलता प्राप्त होती है। सम्मोहन एवं वशीकरण के क्षेत्र में भी इसका उपयोग किया जाता है। इसे दूध में उबाल कर नियमित एक माह तक पीने से मस्तिष्क संबंधी विकार दूर हो जाते हैं।

ऐसा रुद्राक्ष अग्नि पितामह ब्रह्मस्वरूप माना गया है। इसे धारण करने पर स्वास्थ्य उत्तमोत्तम रहता है। उत्तमोत्तम आरोग्य

की प्राप्ति होती है। नर-हत्या के पाप से व्यक्ति अवश्य छूट जाता है।

**मन्त्र**

**ॐ वां क्रां तां हीं ईं। इति मन्त्रः।**

**विनियोग**

**अस्य श्री ब्रह्मा मन्त्रस्य भार्गव ऋषिः अनुष्टुप्छन्दः ब्रह्मा देवता वां बीजं क्रां शक्तिः अभीष्ट सिद्धयर्थे रुद्राक्ष धारणार्थे जपे विनियोगः।**

**न्यास**

**भार्गव ऋषये नमः शिरसि।**
**अनुष्टुप्छन्दसे नमो मुखे।**
**ब्रह्मादेवतायै नमो हृदि।**
**वां वीजाय नमो गुह्ये।**
**क्रां शक्तये नमः पादयोः।**

**करन्यास**

**ॐ ॐ अंगुष्ठाभ्यां नमः।**
**ॐ वां तर्जनीभ्यां स्वाहा।**
**ॐ क्रां मध्यमाभ्यां वषट्**
**ॐ तां अनामिकाभ्यां हुं।**
**ॐ हां कनिष्ठिकाभ्यां वौषट्।**
**ॐ ईं करतल कर पृष्ठाभ्यां फट्।**

**अंगन्यास**

**ॐ ॐ हृदयाय नमः**
**ॐ वां शिरसे स्वाहा**
**ॐ क्रां शिखायै वषट्**
**ॐ तां कवचाय हुं**
**ॐ हां नेत्रत्रयाय वौषट्**
**ॐ ईं अस्त्राय फट्।**

**ध्यानम्**

**प्रणम्य शिरसा शश्व-**
**दष्ट वक्त्रं चतुर्मुखम्।**

गायत्री सहितं देवं,
नमामि विधिमीश्वरम्

## पंचमुखी रुद्राक्ष

पंचमुखी रुद्राक्ष साक्षात् भगवान शिव का प्रतिनिधित्व करता है। यह रुद्राक्ष सामान्यतः बाजार में उपलब्ध हो जाता है तथा अन्य सभी रुद्राक्षों की अपेक्षा सस्ता होता है। शत्रु व विघ्न-नाश के लिए यह विशेष रूप से फलदायी है। इसके धारण करने से विषैले जीव-जन्तु यथा सांप, बिच्छू, ततैया आदि के काटने या डंक मारने का भय नहीं रहता है। विद्वेष एवं शत्रु स्तम्भन आदि कार्यों में यह विशेष उपयोगी माना गया है। मानसिक शान्ति एवं प्रफुल्लता, प्रसन्नता के लिए भी इसी रुद्राक्ष का उपयोग किया जाता है।

इस रुद्राख को उन्नतिदायक माना गया है। इसे कालाग्नि नाम से भी पुकारा जाता है। इसके धारण करने से पर स्त्री-गमन के पाप से जातक मुक्त हो जाता है।

**मन्त्र**

**ॐ हां आं क्षम्यौ स्वाहा। इति मन्त्रः।**

**विनियोग**

**अस्य श्री मन्त्रस्य ब्रह्मा ऋषिः। गायत्री छन्दः सदाशिव कालाग्नि रुद्रो देवता ॐ बीजं स्वाहा शक्ति अभीष्ट सिद्ध्यर्थे रुद्राक्ष धारणार्थे जपे विनियोगः।**

**न्यास**

**ब्रह्मा ऋषये नमः शिरसि।**
**गायत्री छन्दसे नमो मुखे।**
**श्रीसदाशिव कालाग्नि रुद्रदेवतायै नमो हृदि।**
**ॐ बीजाय नमो गुह्ये।**
**स्वाहा शक्तये नमः पादयोः।**

**करन्यास**

**ॐ ॐ अंगुष्ठाभ्यां नमः।**
**ॐ हां तर्जनीभ्यां स्वाहा।**
**ॐ आं मध्यमाभ्यां वषट्**
**ॐ क्षम्यौ अनामिकाभ्यां हुं।**

**ॐ स्वाहा कनिष्ठिकाभ्यां वौषट्।**

**ॐ हां आं क्षम्यौं, स्वाहा, करतल कर पृष्ठाभ्यां फट्।**

**अंगन्यास**

**ॐ ॐ हृदयाय नमः।**

**ॐ हां शिरसे स्वाहा।**

**ॐ आं शिखायै वषट्।**

**ॐ क्षम्यौं कवचाय हुं।**

**ॐ स्वाहा नेत्रत्रयाय वौषट्**

**ॐ हां आं क्षम्यौं स्वाहा अस्त्राय फट्।**

**ध्यानम्**

**हावभावविलसार्द्ध नारिकं,**
**भीषणार्धमथवा महेश्वरम्।**
**दाशसोत्पल कपाल शूलिनं,**
**चिन्तये जपविधौ विभूतये।**

## षड्मुखी रुद्राक्ष

साधक षड्मुखी रुद्राक्ष को गणपति का प्रतीक मानते हैं। अष्ट सिद्धि नवनिधि प्राप्त करने, कार्य में पूर्ण सफलता, बुद्धिबल बढ़ने, व्यापार में अद्भुत आश्चर्यजनक सफलता प्राप्त करने के लिए इसका उपयोग किया जाता है। इसे धारण करने से व्यक्ति के भौतिक जीवन में कोई कमी नहीं रहती। दुःख, दरिद्रता का नाश तथा लक्ष्मी की प्राप्ति आदि के लिए यह रुद्राक्ष उपयोगी है। हिस्टीरिया, पागलपन, सन्निपात, मस्तक ज्वर, मूर्च्छा, प्रदर रोग एवं स्त्रियोचित् रोगों को दूर करने के लिए इसका प्रयोग विशेष रूप से किया जाता है।

इसे कार्तिकेय का स्वरूप माना गया है जो गणेश के भ्राता हैं। इसको धारण करने से घर में साक्षात् अन्नपूर्णा का वास हो जाता है। और जीवन में कभी किसी प्रकार का अभाव नहीं रहता है।

**मन्त्र**

**ॐ ह्रीं श्रीं क्लीं सौं ऐं। इति मन्त्रः।**

विनियोग

अस्य श्री मन्त्रस्य दक्षिणा मूर्ति त्रषिः पंक्तिश्छन्दः कार्तिकेय देवता ऐं बीजं सौं शक्तिः क्लीं कीलकम् अभीष्ट सिद्ध्यर्थे रुद्राक्ष धारणार्थे जपे विनियोगः।

न्यास

दक्षिणामूर्ति ऋषये नमः शिरसि
पंक्तिश्छन्दसे नमो मुखे
कार्तिकेय देवतायै नमो हृदि
ऐं बीजाय नमो गुह्ये
सौं शक्तये नमः पादयोः

करन्यास

ॐ ॐ अंगुष्ठाभ्यां नमः।
ॐ ह्रीं तर्जनीभ्यां स्वाहा।
ॐ श्रीं मध्यमाभ्यां वषट्
ॐ क्लीं अनामिकाभ्यां हुं।
ॐ सौं कनिष्ठिकाभ्यां वौषट्।
ॐ ऐं करतल कर पृष्ठाभ्यां फट्।

अंगन्यास

ॐ ॐ हृदयाय नमः
ॐ ह्रीं शिरसे स्वाहा
ॐ श्रीं शिखायै वषट्
ॐ क्लीं कवचाय हुं
ॐ सौं नेत्रत्रयाय वौषट्
ॐ ऐं अस्त्राय फट्।

ध्यान

क्रौंचपर्वत विदारणलोलो,
दानवेन्द्र वनिता कृत खण्डः।
चूत पल्लव शिरोमणि चोपी।
भौषड़ानन जगत्परिपाहि।।

## सप्तमुखी रुद्राक्ष

यह सप्तमातृकाओं का प्रतिनिधित्व करने वाला रुद्राक्ष अत्यन्त

उपयोगी, लाभप्रद, सौभाग्य सूचक है। दीर्घायु प्राप्त करने के लिए इसका विशेष उपयोग किया जाता है। ज्योतिष शास्त्र की दृष्टि से जब भी किसी जातक को मारकेश का अनुभव होता है अथवा साढ़ेसाती चल रही हो उस समय यदि इस रुद्राक्ष को पहना है तो आश्चर्यजनक और अद्‌भुत परिणाम देखने को मिले है। लेखक का स्वयं का यह अनुभव है कि जो भी व्यक्ति इस प्रकार के रुद्राक्ष को धारण करता है उसकी मृत्यु एक्सीडेंट या शस्त्रघात से नहीं होती। न ही जातक को अकाल मृत्यु का भय रहता है।

सन्निपात, भीषण ज्वर, शीत, ज्वर, मिर्गी, मूर्छा आदि रोगों में इसका प्रयोग सफलतम रहता है।

इसे देवताओं की सप्त मातृकाओं का द्योतक माना गया है। इसे पहनने से महालक्ष्मी की प्राप्ति अश्वय होती है और जीवन में अचल धन-संपत्ति की प्राप्ति होती है।

**मन्त्र**

**ॐ ह्रीं क्लीं ग्लौं ह्रीं स्त्रौं। इति मन्त्रः।**

**विनियोग**

**अस्य श्री अनन्त मन्त्रस्य भगवान् ऋषिः गायत्री छन्द- अनन्तो देवता क्लीं बीजं ह्रीं शक्तिः अभीष्ट सिद्ध्यर्थे रुद्राक्ष धारणार्थे जपे विनियोगः।**

**न्यास**

**भगवान् ऋषये नमः शिरसि।**
**गायत्री छन्दसे नमो मुखे।**
**अनन्त देवतायै नमो हृदि।**
**क्रीं बीजाय नमो गुह्ये**
**ह्रीं शक्तये नमः पादयोः**

**करन्यास**

**ॐ ॐ अंगुष्ठाभ्यां नमः।**
**ॐ ह्रीं तर्जनीभ्यां स्वाहा।**
**ॐ क्लीं मध्यमाभ्यां वषट्**
**ॐ ग्लौं अनामिकाभ्यां हुं।**
**ॐ ह्रीं कनिष्ठिकाभ्यां वौषट्।**

ॐ स्त्रौं करतल कर पृष्ठाभ्यां फट्।

**अंगन्यास**

ॐ ॐ हृदयाय नमः

ॐ ह्रीं शिरसे स्वाहा

ॐ क्लीं शिखायै वषट्

ॐ ग्लौं कवचाय हुं

ॐ ह्रीं नेत्रत्रयाय वौषट्

ॐ स्त्रौं अस्त्राय फट्।

**ध्यानम्**

अनन्त पुण्डरीकाक्षं फणाशत विभूषितम्।

विश्वक्बन्धूक आकारं, कूर्माकदं प्रपूजयेत्।

## अष्टमुखी रुद्राक्ष

यह अष्ट देवी, अष्ट सिद्धि का प्रतिनिधि रुद्राक्ष है। ज्ञान प्राप्ति, मनस्तोष तथा चित्तवृत्ति की एकाग्रता में इसका विशेष योगदान है। जब काफी प्रयत्न करने पर भी मन एकाग्र नहीं होता हो या कुण्डलिनी-जागरण न होता हो तब उस समय यह रुद्राक्ष अवश्यमेव सफलता प्रदान करता है। व्यवसायकर्ता जातक के लिए विशेष उपयोगी है। हर प्रकार के व्यवसाय को बढ़ाने में यह सहायक है। सट्टे, जुए, घुड़-दौड़, लॉटरी विजय, अकस्मात लाभ में यह पूर्णतः सहायक माना गया है।

प्रत्येक प्रकार के विघ्नों की शान्ति के लिए भी इसका उपयोग किया जाता है। जिस प्राणी के शरीर पर यह रुद्राक्ष है, उस पर किसी भी प्रकार का तान्त्रिका प्रयोग असर नहीं करता। यह रुद्राक्ष प्रेम-प्रसंगों में भी सफलता प्रदान करता है। पक्षाघात, लकवा, जलोदर आदि रोगों में इसका उपयोग सिद्ध माना गया है।

यह अष्ट वसु का भी परिचायक है, किसी भी प्रकार का किया पाप इसके धारण करने से भस्म हो जाता है। यह रुद्राक्ष मुक्ति देने में पूर्णतः सहायक है।

**मंत्र**

ॐ हां ग्रीं लं आं श्रीं। इति मन्त्र।

**विनियोग**

ॐ अस्य श्री गणेश मन्त्रस्य भार्गव ऋषिः अनुष्टुप्छन्दः विनायको देवता ग्रीं बीज आं शक्तिः चन्तुर्वर्ग सिद्ध्यर्थे रुदाक्षधारणार्थे जपे विनियोगः।

**न्यास**

भार्गव ऋषये नमः शिरसि
अनुष्टुप्छन्दसे नमो मुखे
विनायक देवतायै नमः हृदि
ग्रीं बीजाय नमो गुह्ये
आं शक्तये नमः पादयोः

**करन्यास**

ॐ ॐ अंगुष्ठाभ्यां नमः।
ॐ ह्रां तर्जनीभ्यां स्वाहा।
ॐ ग्रीं मध्यमाभ्यां वषट्
ॐ लं अनामिकाभ्यां हुं।
ॐ आं कनिष्ठिकाभ्यां वौषट्।
ॐ श्रीं करतल कर पृष्ठाभ्यां फट्।

**अंगन्यास**

ॐ ॐ हृदयाय नमः
ॐ ह्रां शिरसे स्वाहा
ॐ ग्रौं शिखायै वषट्
ॐ लं कवचाय हुं
ॐ आं नेत्रत्रयाय वौषट्
ॐ श्रीं अस्त्राय फट्।

**ध्यानम्**

हरतु कुल गणेशो विघ्नसंधान शेषान्।
नयतु सकल सम्पूर्णतां साधकानाम्।
पिबतु बटुक नाथः शोषितं निम्मकानां।
दिशतु सकल कामान् कौलिकानां गणेशः।।

## नौमुखी रुद्राक्ष

यह रुद्राक्ष नौ शक्तियों, नवनिधियों का प्रतिनिधित्व करता है।

यह रुद्राक्ष भी कठिनता से ही प्राप्त होता है। समस्त प्रकार की साधनाओं में सफलता, यश, मान, प्रतिष्ठा, प्रसिद्धि, सम्मान प्रदान करने में यह रुद्राक्ष बेजोड़ है। दुर्गा देवी से संबंधित तन्त्र एवं साधनादि में इससे पूर्ण सफलता प्राप्त होती है। शत्रुओं की शक्ति का हनन करने, उनका दर्प दमन करने तथा कोर्ट-कचहरी, मुकदमे में सफलतार्थ इसका उपयोग किया जाता है। जो व्यक्ति हृदय से दुर्बल हैं वे हृदय से संबंधित किसी भी बीमारी को दूर करने में इसका प्रयोग कर सकते हैं।

इसे भैरव नाम से भी पुकारा जाता है। जो व्यक्ति इस रुद्राक्ष को धारण करता है। उसकी अकाल मृत्यु नहीं होती और जीवन में आकस्मिक दुर्घटना का भय भी नहीं रहता।

**मन्त्र**

**ॐ ह्रीं वं यं रं लं। इति मन्त्रः।**

**विनियोग**

**ॐ अस्य श्री भैरव मन्त्रस्य नारद ऋषिः गायत्री छन्दः भैरवो देवता वं बीजं ह्रीं शक्तिः अभीष्ट सिद्ध्यर्थे रुद्राक्ष धारणार्थे जपे विनियोगः।**

**न्यास**

**नारद ऋषये नमः शिरसि**
**गायत्री छन्दसे नमो मुखे**
**भैरव देवतायै नमो हृदि**
**वं बीजाय नमो गुह्ये**
**ह्रीं शक्तये नमः पादयोः**

**करन्यास**

**ॐ ॐ अंगुष्ठाभ्यां नमः।**
**ॐ ह्रीं तर्जनीभ्यां स्वाहा।**
**ॐ वं मध्यमाभ्यां वषट्**
**ॐ यं अनामिकाभ्यां हुं।**
**ॐ रं कनिष्ठिकाभ्यां वौषट्।**
**ॐ लं करतल कर पृष्ठाभ्या फट्।**

अंगन्यास

**ॐ ॐ हृदयाय नमः**
**ॐ ह्रीं शिरसे स्वाहा**
**ॐ वं शिखायै वषट्**
**ॐ यं कवचाय हुं**
**ॐ रं नेत्रत्रयाय वौषट्**
**ॐ लं अस्त्राय फट्।**

ध्यानम्

**कपाल हस्तं भुजगोपवीतं,**
**कृष्णच्छविं दण्डधर त्रिनेत्रम्।**
**अचिन्त्यमाद्यं अधुपात मत्तं,**
**हृदि स्मेरद् भैरवमिष्टदं नृणाम्।।**

## दशमुखी रुद्राक्ष

यह रुद्राक्ष यम का स्वरूप है और लगभग दुर्लभ है। तांत्रिक क्षेत्र में इसका बहुत अधिक महत्त्व है। जो व्यक्ति गले में इस रुद्राक्ष को धारण करता है, उस पर मोहन मारण का तांत्रिक प्रभाव नहीं होता। ऐसे जातक को अकाल मृत्यु का भय कभी भी नहीं रहता, कभी दुर्घटना द्वारा कोई अहित नहीं होता। हर प्रकार की विघ्न-बाधाओं से वह व्यक्ति सुरक्षित रहता है।

दूध के साथ यदि रुद्राक्ष घिसकर दिन में तीन बार चटाया जाय तो कूकर खांसी का निवारण हो जाता है।

यह रुद्राक्ष साक्षात् विष्णु का रूप माना गया है। इसके धारण करने से व्यक्ति सम्पूर्ण संसार में प्रसिद्धि, मान और सम्मान प्राप्त करता है।

**मन्त्र**

**ॐ ह्रीं क्लीं व्रीं ॐ। इति मन्त्रः।**

**विनियोग**

**अस्य श्री जनाद्र्दन मन्त्रस्य नारद् ऋषिः अनुष्टुप्छन्दः जनाद्र्दनो देवता श्री बीजं ही शक्तिः अभीष्ट सिद्ध्यर्थे रुद्राक्षधारणार्थे जपे विनियोगः।**

न्यास

नारद ऋषये नमः शिरसि
अनुष्टुप्छन्दसे नमो मुखे
जनादर्दन देवतायै नमो हृदि
श्रीं बीजाय नमो गुह्ये
ह्रीं शक्तये नमः पादयोः

करन्यास

ॐ ॐ अंगुष्ठाभ्यां नमः।
ॐ श्रीं तर्जनीभ्यां स्वाहा।
ॐ ह्रीं मध्यमाभ्यां वषट्
ॐ क्लीं अनामिकाभ्यां हुं।
ॐ व्रीं कनिष्ठिकाभ्यां वौषट्।
ॐ ॐ करतल कर पृष्ठाभ्यां फट्।

अंगन्यास

ॐ ॐ हृदयाय नमः
ॐ श्रीं शिरसे स्वाहा
ॐ ह्रीं शिखायै वषट्
ॐ क्लीं कवचाय हुं
ॐ व्रीं नेत्रत्रयाय वौषट्
ॐ ॐ अस्त्राय फट्।

ध्यान

**विष्णु शारद चन्द्र कोटि सदृशं शंखं रथागं गद-**
**मम्भोजं दधतं सिताब्ज निलयं कान्त्यां जगन्मोहनम्।**
**आबद्धांग दहार कुण्डं महा मौलिस्फुरत्कंकणं।**
**श्री वत्सांक मुदार कौस्तुभधरं वन्दे मुनीन्दैस्स्तुतम्।।**

## एकादशमुखी रुद्राक्ष

यह एकादश रुद्र का प्रतीक है तथा प्रयत्न-साध्य है। स्त्रियों के लिए यह रुद्राक्ष सर्वाधिक महत्त्वपूर्ण है। पति की सुरक्षा, अखण्ड सौभाग्य, पति की दीर्घायु एवं उन्नति तथा सौभाग्य-प्राप्ति में यह रुद्राक्ष विशेष उपयोगी है। संतान-प्राप्ति में भी इसका उपयोग किया जाता है। 'जावल्योपनिषद्' मतानुसार इस रुद्राक्ष को अभिमन्त्रित

कर कोई भी स्त्री धारण करे तो उसे निश्चय ही पुत्र-लाभ होता है। संक्रामक रोगों का नाश होता है।

यह साक्षात् रुद्र स्वरूप माना गया है। इसे धारण करने से व्यक्ति के जीवन में कभी, कोई, किसी प्रकार का अभाव नहीं रहता।

**मन्त्र**

**ॐ रूं क्षूं मूं यूं ॐ। इति मन्त्र।**

**विनियोग**

**अस्य श्री रुद्रमन्त्रस्य कश्यप ऋषिः अनुष्टुप्छन्दः रुद्रो देवता रूं बीजं क्षूं शक्तिः अभीष्ट सिद्ध्यर्थे रुद्राक्ष धारणार्थे जपे विनियोगः।**

**न्यास**

**कश्यप ऋषपे नमः शिरसि**
**अनुष्टुप्छन्दसे नमो मुखे**
**रुद्र देवतायै नमो हृदि**
**रूं बीजाय नमो गुह्ये**
**क्षूं शक्तये नमः पादयोः**

**करन्यास**

**ॐ ॐ अंगुष्ठाभ्यां नमः।**
**ॐ रूं तर्जनीभ्यां स्वाहा।**
**ॐ क्षूं मध्यमाभ्यां वषट्**
**ॐ मूं अनामिकाभ्यां हुं।**
**ॐ यूं कनिष्ठिकाभ्यां वौषट्।**
**ॐ ॐ करतल कर पृष्ठाभ्यां फट्।**

**अंगन्यास**

**ॐ ॐ हृदयाय नमः**
**ॐ रूं शिरसे स्वाहा**
**ॐ क्षूं शिखायै वषट्**
**ॐ मूं कवचाय हुं**
**ॐ यूं नेत्रत्रयाय वौषट्**
**ॐ ॐ अस्त्राय फट्।**

ध्यानम्

**बालार्कायुत तेजसं धृतजटा जूटेन्दुखण्डोज्ज्वलं।**
**नागेन्द्रैः कृत शेखर जपवटी शूलं कपालं करैः।**
**खट्वांगं दधतं त्रिनेत्र विलसत्पञ्चाननं सुन्दरं।**
**व्याघ्रत्वक्परिधानमब्ज निलयं श्री नीलकंठ भजेत्।**

## द्वादशमुखी रुद्राक्ष

यह रुद्राक्ष भगवान् विष्णु का साक्षात् स्वरूप माना गया है। इसके साथ ही यह दुर्लभ भी है, इसे धारण करने से ब्रह्मचर्य की रक्षा, चेहरे पर ओजस्विता तथा शक्तिहीनता की स्थिति में यह रुद्राक्ष शक्ति भी प्रदान करता है। इसे आजीवन पहने रहना चाहिए। पाण्डु रोग होने पर यह रुद्राक्ष परम उपयोगी है। भव्य सुन्दर, आकर्षक व्यक्तित्व की रक्षार्थ इसे अवश्य धारण करना चाहिए।

इसे अन्नपूर्णायुक्त रुद्राक्ष माना गया है। इसे धारण करने पर शस्त्रास्त्र का भय नहीं रहता है। जातकपर किसी भी प्रकार का तांत्रिक प्रभाव नहीं होता है। इसे सूर्य का प्रतीक माना गया है।

**मन्त्र**

**ॐ ह्रीं क्षौं घृणिः श्रीं। इति मन्त्रः।**

**विनियोग**

**अस्य श्री सूर्य मन्त्रस्य भार्गव ऋषिः गायत्री छन्दः विश्वेश्वरो देवता ह्रीं बीजं श्री शक्तिः घृणिः कीलकं रुद्राक्ष धारणार्थे जपे विनियोगः।**

**न्यास**

**भार्गव ऋषये नमः शिरसि**
**गायत्री छन्दसे नमो मुखे**
**श्रीं शक्तये नमः पादयोः**

**करन्यास**

**ॐ ॐ श्रीं अंगुष्ठाभ्यां नमः।**
**ॐ ह्रीं तर्जनीभ्यां स्वाहा।**
**ॐ क्षौं मध्यमाभ्यां वषट्**
**ॐ घृणिं अनामिकाभ्यां हुं।**

ॐ श्रीं कनिष्ठिकाभ्यां वौषट्।

ॐ ह्रीं क्षौं घृणिः श्रीं करतल कर पृष्ठाभ्यां फट्।

अंगन्यास

ॐ ॐ श्रीं हृदयाय नमः

ॐ ह्रीं शिरसे स्वाहा

ॐ क्षौं शिखायै वषट्

ॐ घृणिं कवचाय हुं

ॐ श्रीं नेत्रत्रयाय वौषट्

ॐ ह्रीं क्षौं घृणिः श्रीं अस्त्राय फट्।

ध्यानम्

**शोणां भोरुह संस्थित त्रिनयनं वेदत्रयी विग्रहं**
**दानां भोजयुगा भयाति दधतं हस्तैः प्रवाल प्रभम्।**
**केयूरांगद कंकण द्वय धरं कर्णेर्लसत्कुण्डलं**
**लोकोत्पत्ति विनाश पालन करं सूर्य गुणाघ्रिं भजेत्**

## त्रयोदशमुखी रुद्राक्ष

यह रुद्राक्ष कामदेव का प्रतीक है। सौभाग्यशाली लोगों के पास ही यह रुद्राक्ष पाया जाता है। इसको धारण करने से अनेकों लाभ हैं। मनोइच्छा पूर्ति में यह रुद्राक्ष विशेष सहायक है। धन, यश, मान पद, उन्नति प्रतिष्ठा प्राप्ति के लिए यह रुद्राक्ष विशेष उपयोगी और सफलता मूलक है।

इस रुद्राक्ष को कई प्रकार से सिद्ध कर मानसिक इच्छायें पूर्ण की जा सकती हैं।

दैहिक सुन्दरता बनाए रखने के लिए इसे दूध के साथ औटा कर पीना श्रेष्ठ है।

यह कामदेव का सूचक माना गया है। इसे धारण करने पर व्यक्ति पूर्ण पौरुष तत्त्व को प्राप्त करता है तथा नपुंसकता दूर होती है। जीवन में वह सभी प्रकार के भोग व ऐश्वर्यों को भोगता है।

मन्त्र

**ॐ ईं यां आपःॐ। इति मन्त्रः।**

**विनियोग**

अस्य श्री इन्द्र मन्त्रस्य ब्रह्मा ऋषिः पंक्तिः छन्दःइन्द्रो देवता ईं बीजम् आपः शक्तिः रुद्राक्ष धारणार्थे जपे विनियोगः।

**न्यास**

ब्रह्मा ऋषये नमः शिरसि
पक्तिः छन्दसे नमो मुखे
इन्द्रो देवतायै नमो हृदि
ईं बीजाय नमो गुह्ये
आपः इति शक्तये नमः पादयोः

**करन्यास**

ॐ ॐ अंगुष्ठाभ्यां नमः।
ॐ ईं तर्जनीभ्यां नमः स्वाहा।
ॐ यां मध्यमाभ्यां वषट्
ॐ आप अनामिकाभ्यां हुं।
ॐ ॐ कनिष्ठिकाभ्यां वौषट्।
ॐ ईं यां आप ॐ करतल कर पृष्ठाभ्यां फट्।

**अंगन्यास**

ॐ ॐ हृदयाय नमः
ॐ ईं शिरसे स्वाहा
ॐ यां शिखायै वषट्
ॐ आप कवचाय हुं
ॐ ॐ नेत्रत्रयाय वौषट्
ॐ ईं यां आप ॐ अस्त्राय फट्।

**ध्यानम्**

पीतवर्णं सहस्त्राक्षं वज्रपद्मधरं विभुम्।
सर्वालंकार संयुक्तं नौमीन्द्रादि कवीश्वरम्।।

## चतुर्दशमुखी रुद्राक्ष

यह रुद्राक्ष त्रिपुरारि का प्रतिनिधि है और जावल्योपनिषद के मतानुसार इसकी उत्पत्ति रुद्र की आंखों से हुई है। स्वास्थ्य लाभ, रोग-मुक्ति एवं उन्नति के लिए यह रुद्राक्ष विशेष उपयोगी है। प्रत्येक प्रकार के रोग-शोक कष्ट में इसे धारण करने पर निश्चय

ही लाभ प्राप्त होता है। यह रुद्राक्ष धारण करने से जातक नीरोग रहता है।

ऐसा रुद्राक्ष हनुमान का स्वरूप माना गया है। इसके अनेक लाभ तथा गुण हैं। इसे धारण करने वाला व्यक्ति साक्षात् शिवरूप हो जाता है।

**मन्त्र**

**ॐ औं हस्फ्रें खव्फ्रें हस्त्रौं हसव्फ्रौं। इति मन्त्रः।**

**विनियोग**

**अस्य श्री हनुमन्त्रस्य राम चन्द्र ऋषिः जगती छन्दः श्री हनुमद्देवता ॐ बीजं हस्फ्रें शक्तिः अभीष्ट सिद्ध्यर्थे जपे विनियोगः।**

**न्यास**

राम चन्द्र ऋषये नमः शिरसि
जगती छन्दसे नमो मुखे
हनुमद्देवतायै नमो हृदि
ॐ बीजाय नमो गुह्ये
हस्फ्रें शक्तये नमः पादयोः

**करन्यास**

ॐ ॐ अंगुष्ठाभ्यां नमः।
ॐ औं तर्जनीभ्यां स्वाहा।
ॐ हस्फ्रें मध्यमाभ्यां वषट्
ॐ खव्फ्रें अनामिकाभ्यां हुं।
ॐ हस्त्रौं कनिष्ठिकाभ्यां वौषट्।
ॐ ॐ हसव्फ्रें करतल कर पृष्ठाभ्यां फट्।

**अंगन्यास**

ॐ ॐ हृदयाय नमः
ॐ औं शिरसे स्वाहा
ॐ हस्फ्रें शिखायै वषट्
ॐ खव्फ्रें कवचाय हुं
ॐ हसव्फ्रौं अस्त्राय फट्।

ध्यान

उद्यन्मार्त्तण्ड कोटि प्रकट रुचियुतं चारु वीरासनस्थं,
मौंजी यज्ञोपवीताभरण रुचि शिखा शोभितं कुण्डलाभ्याम्।
भक्तानामिष्ट दान प्रवणमनुदिनं वेदनाद प्रमोदं,
ध्यायेद्देव विधेयं प्लवग कुलपतिं गोष्पदी भूतवार्द्धिम्।।

## पंचदशमुखी रुद्राक्ष

यह रुद्राक्ष पशुपति का पर्याय है। आर्थिक दृष्टि से उन्नति करने के लिए यह रुद्राक्ष विशेष उपयोगी माना गया है। यह रुद्राक्ष धारण करने वाला व्यक्ति कभी खाली हाथ नहीं रहता तथा इसके पहनने से चर्म रोग नहीं होते।

मन्त्र

ॐ हं सं ह्रीं ऐं ॐ। इति मन्त्रः।

विनियोग

अस्य श्री अग्नि मन्त्रस्य वसिष्ठज ऋषिः गायत्री छन्दः अग्नि देवता, ह्री बीजं हूं शक्तिः चतुवर्ग सिद्ध्यर्थे रुद्राक्ष धारणार्थे जपे विनियोगः।

न्यास

वसिष्ठज ऋषये नमः शिरसि
गायत्री छन्दसे नमो मुखे
अग्नि देवतायै नमो हृदि
ह्रीं बीजाय नमो गुह्ये
ॐ शक्तये नमः पादयोः

करन्यास

ॐ ॐ अंगुष्ठाभ्यां नमः।
ॐ हं तर्जनीभ्यां स्वाहा।
ॐ सं मध्यमाभ्यां वषट्
ॐ ह्रीं अनामिकाभ्यां हुं।
ॐ ऐं कनिष्ठिकाभ्यां वौषट्।
ॐ ॐ करतल कर पृष्ठाभ्यां फट्।

अंगन्यास

ॐ ॐ हृदयाय नमः

ॐ हं शिरसे स्वाहा
ॐ सं शिखायै वषट्
ॐ हीं कवचाय हुं
ॐ ऐं नेत्रत्रयाय वौषट्
ॐ ॐ अस्त्राय फट्।

**ध्यान**

**अष्ट शक्ति स्वस्तिका मातिमुच्चै-**
**र्दीर्वैं रेभिर्धारयतं जपाभम्।।**
**हेमाकल्पं पद्म संस्थं त्रिनेत्रं।**
**ध्यायेद् ब्रह्मि बद्धमौलिं जटाभिः।।**

## षोडशमुखी रुद्राक्ष

यह रुद्राक्ष मूलतः काल विजय का प्रतिनिधित्व करता है। इसके धारण करने से सर्दी, गर्मी का प्रकोप नहीं रहता। जो साधु जंगलों में निर्द्वन्द्व घूमते, विचरण करते रहते हैं उनके लिए यह विशेष उपयोगी है। जिस घर में यह रुद्राक्ष होता है, उस घर में आग लगने, चोरी डकैती आदि का भय नहीं रहता है।

**मन्त्र**

**ॐ वां क्रां तां हां ऐं श्रीं। इति मन्त्रः।**

**विनियोगः**

**अस्य श्री ब्रह्मामन्त्रस्य भार्गव ऋषिः अनुष्टुप्छन्दः ब्रह्मा देवता वां बीजं क्रां शक्तिः अभीष्ट सिद्ध्यर्थे रुद्राक्षधारणार्थ जपे विनियोगः।**

**न्यास**

**भार्गव ऋषये नमः शिरसि**
**अनुष्टुप्छन्दसे नमो मुखे**
**ब्रह्मादेवतायै नमो हृदि**
**वां बीजाय नमो गुह्ये**
**क्रां शक्तये नमः पादयोः**

**करन्यास**

**ॐ ॐ अंगुष्ठाभ्यां नमः।**
**ॐ वां तर्जनीभ्यां स्वाहा।**

ॐ क्रां मध्यमाभ्यां वषट्
ॐ तां अनामिकाभ्यां हुं।
ॐ ह्रां कनिष्ठिकाभ्यां वौषट्।
ॐ ऐं करतल कर पृष्ठाभ्यां फट्।

**अंगन्यास**

ॐ ॐ हृदयाय नमः
ॐ वां शिरसे स्वाहा
ॐ क्रां शिखायै वषट्
ॐ तां कवचाय हुं
ॐ ह्रां नेत्रत्रयाय वौषट्
ॐ ऐं अस्त्राय फट्।

**ध्यानम्**

प्रणम्य शिरसा शश्व-
दष्ट वक्त्रं चतुर्मुखम्
गायत्री सहितं, देवं
नमामि विधिमीश्वरम्।।

## सप्तदशमुखी रुद्राक्ष

यह विश्वेदेव विश्वकर्मा [illegible] प्रतिनिधित्व करता है। अकस्मात् धन प्राप्ति के लिए यह रुद्राक्ष विशेष उपयोगी है। जिस व्यक्ति के हृदय में यह रुद्राक्ष होता है उसे जीवन में कई बार आकस्मिक धन-लाभ होता है। भौतिक सुख-सम्पदा, भूमि, भवन, वाहन, भृत्यादि का सुख विशेष रूप से प्राप्त होता है।

**मन्त्र**

ॐ ह्रां क्रां क्षौं स्वाहा। इति मन्त्रः।

**विनियोग**

अस्य श्री रुद्रमन्त्रस्य ब्रह्मा ऋषिः गायत्री छन्दः सदाशिव कालाग्निरुद्रो देवता ॐ बीजं स्वाहा शक्तिः अभीष्ट सिद्ध्यर्थे रुद्राक्ष धारणार्थे जपे विनियोगः।

**न्यास**

ब्रह्म ऋषये नमः शिरसि
गायत्री छन्दसे नमो मुखे

श्री सदाशिव कालाग्निरुद्र देवतायै नमो हृदि
ॐ बीजाय नमो गुह्ये
स्वाहा स्वाहा शक्तये नम पादयोः

करन्यास

ॐ ॐ अंगुष्ठाभ्यां नमः।
ॐ ह्रां तर्जनीभ्यां स्वाहा।
ॐ क्रां मध्यमाभ्यां वषट्
ॐ क्षौं अनामिकाभ्यां हुं।
ॐ स्वाहा कनिष्ठिकाभ्यां वौषट्।
ॐ ह्रां क्रां क्षौं स्वाहा करतलकर पृष्ठाभ्यां फट्।

अंगन्यास

ॐ ॐ हृदयाय नमः
ॐ ह्रां शिरसे स्वाहा
ॐ क्रां शिखायै वषट्
ॐ क्षौं कवचाय हुं
ॐ स्वाहा नेत्रत्रयाय वौषट्
ॐ ह्रां क्रां क्षौं स्वाहा अस्त्राय फट्।

ध्यान

हाव भावविलसार्द्ध नारिकं,
भीषणार्धमथवा महेश्वरम्।
दाशसोत्पलकपाल शूलिनं,
चिन्तये जपविधौ विभूतये।।

## अष्टादशमुखी रुद्राक्ष

यह रुद्राक्ष मूलतः पृथ्वी का प्रतिनिधित्व करता है। इसके धारण करने से व्यक्ति हृष्ट-पुष्ट एवं प्रसन्नचित्त रहता है। गर्भ रक्षार्थ यह रुद्राक्ष विशेष उपयोगी है। जिन स्त्रियों को बार-बार गर्भ क्षति का सामना करना होता है, उन्हें वह रुद्राक्ष अवश्य धारण करना चाहिए। बाल रोग के निवारणार्थ भी प्रमुख रूपेण इसका उपयोग किया जाता है।

मन्त्र

ॐ ह्रीं श्रीं क्लीं सौं ऐं ह्रीं ।। इति मन्त्रः।

विनियोग

अस्य श्रीं ब्रह्मा मन्त्रस्य दक्षिणामूर्ति ऋषिः पंक्तिश्छन्दः कार्तिकेय देवता ऐं बीजं सौं शक्तिः क्लीं कीलकं अभीष्ट सिद्ध्यर्थे रुद्राक्ष धारणार्थे जपे विनियोगः।

न्यास

दक्षिणामूर्ति ऋषये नमः शिरसि
पंक्तिश्छन्दसे नमो मुखे
कार्तिकेय देवतायै नमो हृदि
ऐं बीजाय नमो गुह्ये
सौं शक्तये नमः पादयोः

करन्यास

ॐ ॐ अंगुष्ठाभ्यां नमः।
ॐ ह्रीं तर्जनीभ्यां स्वाहा।
ॐ श्रीं मध्यमाभ्यां वषट्
ॐ क्लीं अनामिकाभ्यां हुं।
ॐ सौं कनिष्ठिकाभ्यां वौषट्।
ॐ ऐं करतल कर पृष्ठाभ्यां फट्।

अंगन्यास

ॐ ॐ हृदयाय नमः
ॐ ह्रीं शिरसे स्वाहा
ॐ श्रीं शिखायै वषट्
ॐ क्लीं कवचाय हुं
ॐ सौं नेत्रत्रयाय वौषट्
ॐ ऐं अस्त्राय फट्।

ध्यान

क्रौंच पर्वत विदारणलोको
दानवेन्द्र वनिता कृतखण्डः
चूत पल्लव शिरोमणि चोपी
भोषडानन जगत्परिपाहि।।

## एकोनविंशति मुखी रुद्राक्ष

यह रुद्राक्ष नारायण का प्रतीक है। इसको धारण करने से सभी

प्रकार के भौतिक सुख प्राप्त होते हैं। जीवन में किसी भी प्रकार का कोई अभावादि नहीं रहता। निरन्तर व्यापार वृद्धि आर्थिक उन्नति तथा सभी प्रकार के दैहिक, भौतिक सुखों के लिए इस रुद्राक्ष को धारण किया जाता है।

**मन्त्र**

**ॐ हं सं ऐं ह्रीं श्रीं। इति मन्त्रः।**

**विनियोग**

**अस्य श्री अनन्त मन्त्रस्य भगवान् ऋषिः गायत्री छन्दः अनन्तो देवता ह्रीं बीजं श्रीं शक्तिः अभीष्ट सिद्ध्यर्थे रुद्राक्ष धारणार्थे जपे विनियोगः।**

**न्यास**

**भगवान् ऋषये नमः शिरसि**
**गायत्री छन्दसे नमो मुखे**
**अनन्त देवतायै नमो हृदि**
**हं बीजाय नमो गुह्ये**
**सं शक्तये नमः पादयोः**

**करन्यास**

**ॐ ॐ अंगुष्ठाभ्यां नमः।**
**ॐ हं तर्जनीभ्यां स्वाहा।**
**ॐ सं मध्यमाभ्यां वषट्**
**ॐ ऐं अनामिकाभ्यां हुं।**
**ॐ ह्रीं कनिष्ठिकाभ्यां वौषट्।**
**ॐ श्रीं करतल कर पृष्ठाभ्यां फट्।**

**अंगन्यास**

**ॐ ॐ हृदयाय नमः**
**ॐ हं शिरसे स्वाहा**
**ॐ सं शिखायै वषट्**
**ॐ ऐं कवचाय हुं**
**ॐ ह्रीं नेत्रत्रयाय वौषट्**
**ॐ श्रीं अस्त्राय फट्।**

ध्यान

अनन्त पुण्डरीकाक्षं फणाशत विभूषितम्
विश्वक्बन्धूक आकारं कूर्मारूढ़ं प्रपूजयेत्।।

## विंशतिमुखी रुद्राक्ष

यह रुद्राक्ष सामान्यतः बाजार में सुगमता से उपलब्ध हो जाता है। यह रुद्राक्ष ब्रह्म का प्रतीक है। इसे धारण करने से ज्ञान और भक्ति में उत्तरोत्तर प्रगति होती है। तथा चित्तवृत्ति एकाग्र बनी रहती है। नेत्र ज्योति बढ़ाने के लिए बीसमुखी रुद्राक्ष का प्रयोग किया जाता है।

मन्त्र

ॐ ज्ञां ज्ञीं लं अं ऐ श्रीं। इति मन्त्रः।

विनियोग

अस्य श्री गणेश मन्त्रस्य भार्गव ऋषिः अनुष्टुप्छन्दः विनायको देवता ग्रीं बीजम् आं शक्तिः चतुर्वर्ग सिद्ध्यर्थे रुद्राक्ष धारणार्थे जपे विनियोगः।

न्यास

भार्गव ऋषये नमः शिरसि
अनुष्टुप्छन्दसे नमो मुखे
विनायक देवतायै नमः हृदि
ग्रीं बीजाय नमो गुह्ये
आं शक्तये नमः पादयोः

करन्यास

ॐ ॐ अंगुष्ठाभ्यां नमः।
ॐ ह्रां तर्जनीभ्यां स्वाहा।
ॐ ग्रीं मध्यमाभ्यां वषट्
ॐ लं अनामिकाभ्यां हुं।
ॐ आं कनिष्ठिकाभ्यां वौषट्।
ॐ स्त्रौं करतल कर पृष्ठाभ्यां फट्।

अंगन्यास

ॐ ॐ हृदयाय नमः
ॐ ह्रां शिरसे स्वाहा

ॐ ग्रीं शिखायै वषट्
ॐ लं कवचाय हुं
ॐ आं नेत्रत्रयाय वौषट्
ॐ स्त्रीं अस्त्राय फट्।

ध्यान

हरतु कुल गणेशो विघ्नसंधानशेषान्,
नयतु सकल सम्पूर्णतां साधकानाम्।
पिबतु बटुक नाथः शोषितं निम्नकानां,
दिशतु सकलकामान् कौलिकानां गणेशः।

## एकविंशतिमुखी रुद्राक्ष

यह रुद्राक्ष सत्यतः प्राप्त होना अत्यन्त दुर्लभ है। भाग्यवान् व्यक्ति ही इसे प्राप्त कर सकते हैं। सभी प्रकार के सुख, धन-धान्य, ऐश्वर्य, आनन्द, यश, मान, प्रतिष्ठा, व्यवसाय, भोगानंद देने में यह पूर्णतः समर्थ है। यह साक्षात् कुबेर का प्रतिनिधित्व करता है। दरिद्र व्यक्ति भी इसे यदि धारण कर ले तो वह निश्चय ही धनी हो जाता है। समस्त प्रकार के दैहिक रोगों की निवृत्ति के लिए यह रामबाण ओषधि है।

मन्त्र

ॐ ऐं ह्रीं ह्रीं ह्रीं श्रीं श्रीं श्रीं ऐं। इति मन्त्रः।

विनियोग

अस्य श्री भैरव मन्त्रस्य नारद ऋषिः गायत्री छन्दः भैरवो देवता वं बीजं, ह्रीं शक्तिः अभीष्ट सिद्ध्यर्थे रुद्राक्ष धारणार्थे जपे विनियोगः।

न्यास

नारद ऋषये नमः शिरसि
गायत्री छन्दसे नमो मुखे।
भैरव देवतायै नमो हृदि।
वं बीजाय नमो गुह्ये।
ह्रीं शक्तये नमः पादयोः।

करन्यास

ॐ ॐ अंगुष्ठाभ्यां नमः।

ॐ ऐं तर्जनीभ्यां नमः स्वाहा।
ॐ ह्रीं मध्यमाभ्यां वषट्
ॐ ह्रीं अनामिकाभ्यां हुं।
ॐ श्रीं कनिष्ठिकाभ्यां वौषट्।
ॐ श्रीं करतल कर पृष्ठाभ्यां फट्।

**अंगन्यास**

ॐ ॐ हृदयाय नमः
ॐ ह्रीं शिरसे स्वाहा
ॐ ह्रीं शिखायै वषट्
ॐ ह्रीं कवचाय हुं
ॐ श्रीं नेत्रत्रयाय वौषट्
ॐ लं अस्त्राय फट्।

**ध्यान**

**कपालं हस्तं भुजगोपवीतं**
**कृष्णच्छविं दण्डधरं त्रिनेत्रम्।**
**अचिन्त्यमाद्यं अधुपान मतं**
**हृदि स्मेरद् भैरवमिष्टदं नृणाम्**

**गौरी–शंकर**

यह रुद्राक्ष शिव और शक्ति का मिश्रित स्वरूप माना जाता है और अत्यन्त दुर्लभ होता है। जो व्यक्ति एकमुखी रुद्राक्ष धारण न कर सके उसे यह रुद्राक्ष अवश्य धारण करना चाहिए। अथवा घर में पूजा स्थान पर रखकर नित्य पूजन करना चाहिए तिजोरी में रखने पर यह आर्थिक दृष्टि से विशेष सफलतादायक माना गया है। मूलतः ऐसा रुद्राक्ष कम ही लोगों के यहां पाया जाता है।

**इन्द्राक्षीमाला**

दुनिया में ऐसे नर बिरले और सौभाग्यशाली ही होंगे जिसके पास इन्द्राक्षी माला हो। इस माला में एक से इक्कीस मुखी रुद्राक्ष तक का एक–एक दाना पिरोया हुआ होता है। जिस व्यक्ति के गले में यह माला होती है उसके लिए समस्त विश्व की सम्पत्ति भी तुच्छ है। धन, यश, मान, प्रतिष्ठा, स्वास्थ्य, भोग, आनन्द भक्ति–सभी कुछ उसे सहज ही प्राप्त हो जाता है। इस माला

को पहनकर व्यक्ति मनोवांछित कार्य सम्पन्न कर लेता है और उस व्यक्ति के लिए कुछ भी अप्राप्य नहीं रहता है। विश्व स्तर का सम्मान तथा कुबेरवत् सम्पदा का भोग करने में वह समर्थ होता है। स्वयं मेरे पास यह माला रही है और मैं स्वयं इसके चमत्कार से चमत्कृत हूं।

## ज्योतिर्लिंग

शिव पुराण में आता है कि भगवान भोलेनाथ, पार्वती के पति शिव प्राणियों के कल्याण की कामना हेतु तीर्थ-तीर्थ में लिंग रूप में वास करते हैं। जिस-जिस पुण्य पवित्र पावन स्थान में भक्त जनों ने उनकी पूजार्चना की, उसी-उसी स्थान में वे आविर्भूत हुए और ज्योतिर्लिंग के रूप में सदा के लिए अवस्थित हो गए। यों तो ये शिव लिंग असंख्य हैं तथापि इनमें द्वादश अर्थात् बारह ज्योतिर्लिंग प्रधान हैं। शिव पुराण के अनुसार ये द्वादश ज्यातिर्लिंग निम्न हैं–

**सौराष्ट्रे सोम नाथं च श्रीशैले मल्लिकार्जुनम्।**
**उज्जयिन्यां महाकालमोंकारं परमेश्वरम्।।**
**केदारं हिमवत्पृष्ठे डाकिन्यां भीम शंकरम्।**
**वाराणस्यांच विश्वेशं त्र्यबकं गौमतीतटे।।**
**वैद्यनाथं चिता भूमो नागेशं दारुकावने।**
**सेतु बन्धे च रामेशं धुश्मेशञ्च शिवालये।।**
**द्वादशैतानि नामानि पातरुत्थाय यः पठेत्।**
**सप्तजन्मकृतं पापं स्मरणेन विनश्यति।।**
**यं यं काममपेक्ष्यव पठिष्यन्ति नरोत्तमाः।**
**तस्य तस्य फल प्राप्तिर्भविष्यति न संशयः।।**
**एतेषां दर्शनादेव पातकं नैव तिष्ठति।**
**कर्मक्षयो भवेत्तस्य यस्थ तुष्टो महेश्वरः।।**

**अर्थात–**

१. सौराष्ट्र प्रदेश में श्रीसोमनाथ
२. श्री शैल पर श्री मल्लिकार्जुन
३. उज्जैन में श्री महाकाल
४. श्री ओंकारेश्वर
५. हिमाच्छादित केदारनाथ

६. डाकिनी नामक स्थान में श्री भीम शंकर
७. वाराणसी में विश्वनाथ
८. गोदावरी तट पर त्र्यम्बकेश्वर
९. चिताभूमि में वैद्यनाथ
१०. दारुकावन में श्री नागेश्वर
११. सेतु बंध पर रामेश्वर

१२. धुश्मेश्वर--उक्त द्वादश ज्योतिर्लिंग हैं, जिनका विशेष माहात्म्य है। जो कोई प्राणी नित्य प्रातःकाल उठकर इन नामों का पाठ करता है उसके सात जन्म तक के पाप क्षय हो जाते हैं। जिस कामना को लेकर वह पुरुष श्रेष्ठ पाठ करता है उसकी वह कामना फलीभूत अवश्यमेव होती है इसमें संशय नहीं है। इनके दर्शन मात्र से पापों का नाश हो जाता है। जिन पर भगवान शंकर प्रसन्न होते हैं उनके पाप क्षय हुए बिना नहीं रहते।

### १. श्री सोमनाथ

यह भारत का विशेष पवित्र तीर्थस्थान है जो अति प्राचीन है। इसका वर्णन ऋग्वेद, स्कन्द पुराण और महाभारत में भी आया है। पुराणों के मतानुसार दक्ष प्रजापति के सत्ताईस कन्याएं थीं और सभी का विवाह चन्द्रमा के साथ हुआ था। रोहिणी इन सब २७ बहनों में सर्वाधिक सुन्दर थी और चन्द्रमा की भी उसके प्रति कुछ विशेष आसक्ति थी। यह जानकर शेष सभी बहनों को बड़ी ईर्ष्या हुई और उन्होंने इस बात की शिकायत अपने पिता से की। उनके पिता ने चन्द्रमा को समझाया परन्तु चन्द्रमा ने उनकी एक भी बात नहीं सुनी, इससे क्रोधित होकर दक्ष प्रजापति ने चन्द्रमा को राज्ययक्ष्मा से पीड़ित होने का शाप दिया, फलस्वरूप चन्द्रमा की शक्ति दिनोंदिन क्षीण होती गई, यह देख सब देवताओं ने मिल कर चंद्रमा को दिए शाप को वापस लेने के लिए दक्ष से अनुरोध किया।

दक्ष ने शाप वापस तो ले लिया किन्तु यह शर्त लगा दी कि चंद्रमा को सभी पत्नियों से समान प्रेम करना चाहिए तथा पश्चिमी समुद्र के प्रभास क्षेत्र में महादेव की पूजा करनी चाहिए। यदि वह ऐसा करे तो महीने के आधे भाग में वह बढ़ता जायेगा तथा आधे भाग में घटता जायेगा। चन्द्रमा ने प्रभास क्षेत्र में शिव की पूजा

प्रारम्भ की तब से, इसे सोमनाथ कहा जाने लगा।

प्रतिवर्ष श्रावण मास की पूर्णिमा को और शिवरात्रि के दिन तथा सूर्य ग्रहण और चंद्र ग्रहण के दिन यहां भारी मेला लगता है। सोमनाथ का ज्योतिर्लिंग गर्भ गृह के नीचे एक गुफा में २२ सीढ़ियों नीचे उतर कर है।

यहां से मात्र चार मील दूर 'वेरावल' नामक शहर में ठहरने की उत्तम व्यवस्था है और हर १५ मिनट के अन्तराल से सोमनाथ से वेरावल के लिए सिटी बसें चलती है।

## २. श्री केदारनाथ

सत्यतः केदारनाथ की बड़ी भारी महिमा है। हिमालय में बद्रीनाथ और केदारनाथ ये दो प्रमुख तीर्थ-स्थान हैं। केदारनाथ के विषय में लिखा है कि जो व्यक्ति केदारनाथ के दर्शन किए बिना ब्रद्रीनाथ की यात्रा करता है उसकी यात्रा निष्फल रहती है।

**अकृत्वा दर्शनं वैश्यं केदारस्याधनाशिनः।**
**यो गच्छेद् बदरीं तस्य यात्रा निष्फलनां व्रजेत्।।**

केदारनाथ के दर्शन अत्यन्त महत्त्वपूर्ण हैं कारण कि यह मूर्ति नरनारायणं की समन्वित मूर्ति मानी गई है। इस ज्योतिर्लिंग की स्थापना का संक्षिप्त इतिहास इस प्रकार है कि हिमालय के केदार पर्वत पर विष्णु के अवतार महातपस्वी श्रीनर और नारायण तपस्या करते थे, उनकी आराधना से प्रसन्न होकर भगवान श्री शंकर प्रकट हुए और उनकी प्रार्थना पर ज्योतिर्लिंग के रूप में वहां सदैव वास करने का वर प्रदान किया।

केदारनाथ में कोई निर्मित मूर्ति नहीं है। वहां एक बहुत विशाल त्रिकोण पर्वतखण्ड निकला हुआ है जिसकी यात्री पूजादि करते हैं और उन पर घृत का लेपन करते हैं। यह स्थान वन और बर्फीली चट्टानों के मध्य है।

केदारनाथ से लौटने का मार्ग गौरी कुण्ड, रामपुर आदि होकर नालाचट्टी तक है। नाला चट्टी से दो किलोमीटर पर मन्दाकिनी पारकर ऊषी मठ है जहां से ऋषिकेश तक बसें चलती हैं।

## ३. विश्वनाथ

वाराणसी या काशी नगरी भारत की ही नहीं, संसार की प्राचीनतम नगरियों में से एक है। यह सदियों से भारत के लिए

पवित्रता ज्ञान और धर्म, ज्योतिष का केंद्र रही है। गंगा नदी के किनारे बने यहां के घाट जगत् प्रसिद्ध हैं।

कहा जाता है कि प्रलय काल में भी इसका लोप नहीं होता है, उस समय भगवान शंकर स्वयं इस नगरी को अपने त्रिशूल पर धारण कर लेते हैं और सृष्टि काल आने पर इसे नीचे उतार देते हैं। यही नहीं अपितु आदि सृष्टि स्थली भी यहीं भूमि बतलाई गई है। इसी स्थान पर भगवान् विष्णु ने सृष्टि उत्पन्न करने की कामना से तपस्या करके भगवान् शंकर को प्रसन्न किया था और फिर उनके शयन करने पर विष्णु की नाभि कमल से ब्रह्मा उत्पन्न हुए जिन्होंने सारे संसार की रचना की।

कहते हैं यहां प्राण-त्याग करने से ही मुक्ति मिल जाती है। भगवान शिव मरते हुए प्राणी के कान में तारक मन्त्र का उपदेश करते हैं जिससे वह आवागमन से छूट जाता है।

काशी की एक संकरी गली में प्रवेश करने पर प्राचीन विश्वनाथ मन्दिर के दर्शन होते हैं। भक्त-जनों का यह प्रचलित विश्वास है कि यहां आए प्रत्येक व्यक्ति की मनोकामना शंकर अवश्य ही पूर्ण करते हैं। यहां हर समय दर्शकों की भीड़ लगी रहती है।

यहां पर ठहरने के लिए अनेक धर्मशालायें, विश्राम गृह होटलें आदि हैं जिससे यात्रियों को कोई कठिनाई या असुविधा नहीं होती। दिल्ली से वाराणसी तक सीधी रेल-सेवा है।

### ४. श्री महाकालेश्वर

उज्जैन उस पवित्र सात नगरियों में से एक है जहां की यात्रा मोक्षदायिनी कही जाती है। यहां का प्रसिद्ध मन्दिर भगवान महाकाल का मन्दिर है। यह मन्दिर एक झील के पास है और इसके पांच तल्लों में से एक तल्ला भूमग्न है। मुख्य मन्दिर के मार्ग में अंधेरा रहता है अतः वहां निरन्तर दीप जलते रहते हैं।

शिव पुराण में वर्णित महाकाल की कथा इस प्रकार है। अवन्ति में एक धर्मात्मा ब्राह्मण रहता था, उसके चार पुत्र थे। रत्नमाला पर्वत वासी दूषण नामक एक राक्षस ने नगर को घेरकर जनता को दुखी करना प्रारम्भ किया। जनता योगसिद्ध उस ब्राह्मण की शरण में गई, उसके तप से प्रसन्न होकर भगवान महाकाल पृथ्वी

फोड़कर प्रकट हुए और उस राक्षस का संहार किया। भक्तों की प्रार्थना पर महाकाल शिव स्थाई रूप से वहीं निवास करने लगे।

कहा जाता है कि नित्य प्रातः ताजे मुर्दे की भस्म भगवान महाकाल पर चढ़ाई जाती है।

दिल्ली से कोटा, नागदा होते हुए उज्जैन पहुंचा जा सकता है। यह शहर इन्दौर और भोपाल के मध्य में है और इन्दौर से बस द्वारा सरलता से यात्रा की जा सकती है।

## ५. श्री ओंकारेश्वर

ओंकारेश्वर मध्य प्रदेश का पवित्र तीर्थस्थान है। कार्तिक पूर्णिमा को यहां विशाल मेला लगता है। रतलाम-खण्डवा रेलवे लाइन पर ओंकारेश्वर रोड नामक छोटा-सा रेलवे स्टेशन है। ओंकारेश्वर जाने के लिए यहीं उतरना पड़ता है।

इस मन्दिर के पास नर्मदा और कावेरी आकर मिलती हैं। यात्रियों को नाव में बैठकर नर्मदा को पार करते हुए मन्दिर तक पहुंचना होता है। यहां नर्मदा नदी दो पहाड़ी की टेकरियों के बीच में से निकलती हुई प्रतीत होती है। किनारे की चट्टानें तांबे के रंग की हैं इसकी प्राकृतिक शोभा को यह बढ़ाती है।

यह मन्दिर मान्धाता पर्वत पर अवस्थित है। प्रसिद्ध सूर्यवंशी राजा मान्धाता ने जिनके पुत्र अम्बरीश और मुंथुकुन्द दोनों प्रसिद्ध ईश्वर-भक्त थे तथा जो स्वयं तपस्वी थे, इस स्थान पर घोर तपस्या करके शंकर को प्रसन्न किया था।

मन्दिर में कुछ घुमाव पारकर अन्य देवताओं के दर्शन करते हुए गर्भ-गृह तक पहुंचा जाता है, जहां श्री ओंकारेश्वर महादेव की मूर्ति के दर्शन करने का सौभाग्य मिलता है। मूर्ति प्राकृतिक रूप में धरातल से कुछ ऊपर उठे हुए अनगढ़ काले पत्थर का एक फुट व्यास का छः इंच ऊंचा कछुआनुमा गोलाकार स्वरूप मात्र है।

यहां पूजा करने की विधि अत्यन्त सरल है। मूर्ति पर बिल्व पत्र और फूलों की मालायें चढ़ाते हैं। सामान्यतः शंकर को अर्पित नैवेद्य ग्रहण नहीं किया जाता किन्तु ओंकारेश्वर प्रणव रूप हैं अतः इन्हें तुलसी दल भी अर्पित किया जा सकता है। साथ ही चरणामृत भी लिया जाता है। कहा जाता है, इन्हें अभिषेक किया हुआ जल सीधा नर्मदा में पहुंचता है।

इसके साथ-साथ अमलेश्वर का नाम लिया जाता है। अमलेश्वर का मन्दिर नर्मदा के दक्षिण किनारे की बस्ती में है परन्तु दोनों की गणना एक में ही की गई है। कहा जाता है कि एक बार विन्ध्य पर्वत ने ओंकारनाथ की छः महीने तक विकट आराधना की थी जिससे प्रसन्न होकर शिवजी ने उसे मनोवांछित फल प्रदान किया। उसी समय वहां देवता और ऋषिगण भी पधारे, जिनकी प्रार्थना पर शंकर ने ओंकार नामक लिंग के दो भाग किये उनमें से एक में आप प्रणव रूप में विराजे जिसके कारण उसका नाम ओंकारेश्वर पड़ा तथा पवित्र लिंग रूप में जो प्रकट हुए वे अमलेश्वर नाम से ख्यात हुए।

कहते हैं यहां कुबेर ने सौ वर्ष तक तपस्या कर शंकर को प्रसन्न किया था। इतिहास प्रसिद्ध किरातार्जुन और परशुराम का युद्ध यहीं पर हुआ था। इस स्थान के पास ही मण्डलेश्वर का तीर्थ है जहां शंकराचार्य और मण्डन मिश्र के मध्य हुए इतिहास प्रसिद्ध शास्त्रार्थ में उनकी पत्नी ने मध्यस्थता की थी।

## ६. श्री मल्लिकार्जुन

मद्रास प्रान्त के कृष्ण नदी के तट पर श्री शैल पर्वत है जिसे दक्षिण का कैलाश कहा जाता है। महाभारत, शिवपुराण आदि में इसका वर्णन मिलता है। महाभारत में लिखा है कि श्री शैल पर जाकर शिव का पूजन करने से अश्वमेध यज्ञ का फल मिलता है। यह स्थान शक्तिपीठ भी कहा जाता है। इस स्थान के सम्बन्ध में पौराणिक इतिहास यह है कि एक बार श्री गणेश और श्री कार्तिकेय दोनों भाई विंवाह के लिए लड़ने लगे। गणेश चाहते थे कि पहले मेरा विवाह हो और कार्तिकेय चाहते थे कि पहले मेरा विवाह हो। अन्त में भवानी-शंकर ने यह फैसला किया कि जो पहले पृथ्वी की परिक्रमा करेगा उसी का विवाह पहले होगा। सुनते ही कार्तिकेय अपने वाहन मयूर पर बैठकर दौड़ पड़े परन्तु गणेश स्थूल रूप थे और उनका वाहन भी मूषक था अतः उन्होंने अपनी माता पार्वती और पिता महेश को आसन पर बिठाकर उन्हीं की सात बार परिक्रमा कर डाली और इस प्रकार पृथ्वी की प्रदक्षिणा करने के अधिकारी हो गये। इधर जब तक स्वामी कार्तिकेय परिक्रमा करके लौटे तब तक श्री गणेश जी का विश्वरूप प्रजापति

की 'सिद्धि' और 'बुद्धि' नामक दो कन्याओं के साथ विवाह हो चुका था। विवाह ही नहीं अपितु 'सिद्धि के गर्भ से क्षेम और 'बुद्धि' के गर्भ से लाभ नामक दो पुत्र भी हो गये थे।

यह देखकर कार्तिकेय क्रोधित हो, रूठकर क्रौंच पर्वत पर चले गये। माता-पिता ने नारद को भेजकर उन्हें मनाने का प्रयत्न किया पर वे नहीं माने। तब माता पार्वती श्रीशिव को लेकर क्रौंच पर्वत पर पहुंचीं, पर कार्तिकेय उनके आने की खबर पाते ही वहां से भाग गये। तब क्रौंच पर्वत पर पहुंचकर श्रीशंकर भी ज्योतिर्लिंग के रूप में प्रकट हुए और तब से यह स्थान मल्लिकार्जुन ज्योतिर्लिंग के नाम से प्रसिद्ध है।

यह स्थान घोर जंगल में है तथा इस जंगल में शेर, चीते आदि अधिक हैं। इसके अतिरिक्त यह स्थान जंगली भीलों का प्रदेश है, जो अवसर मिलने पर लूटने व हत्या करने में भी नहीं झिझकते। इसी कारण इस स्थान की यात्रा शिवरात्रि के अवसर पर भी की जाती है। फाल्गुन कृष्ण एकादशी के दिन यात्री झुण्ड बनाकर श्री शैल पर पहुंचते हैं। इस पर्वत पर वृक्ष नहीं हैं। पुराने तरीके का एक मन्दिर है। मंदिर में मल्लिकार्जुन शिवलिंग है। यह लिंग लगभग आठ अंगुल ऊंची है और पर्वत के अनगढ़ अर्द्ध में विराजमान है। मंदिर के पीछे माता पार्वती का मंदिर है जो मल्लिका देवी के नाम से विख्यात है। इस मंदिर से दो मील दूर पाताल गंगा है एवं आस-पास अम्बाजी, बिल्ववत तथा महानदी प्रसिद्ध तीर्थ हैं।

यहां पर शिवजी का नाम अर्जुन तथा पार्वती का नाम मल्लिका है। इसलिए दोनों का मिलकर नाम मल्लिकार्जुन बना।

मनमाड-काचीगुड़ा लाइन के सिकन्दराबाद स्टेशन से एक लाइन द्रोणाचलम तक जाती है। इस लाइन पर कर्नूल टाउन स्टेशन है। यहां से श्री शैल १२५ किलोमीटर दूर है। यहां से कुछ दूरी तक बसें आदि जाती हैं जो कि आत्माकूर गांव तक जाती हैं, यहां धर्मशाला है। आतमाकूर से नागाटूटी २० किलोमीटर दूर है। इसके आगे श्री शैल लगभग ५५ कि० मी० रह जाता है। यहां से बैलगाड़ी से या पैदल यात्रा करनी पड़ती है।

## ७. श्री बैजनाथ धाम

यह स्थान ज्योतिर्लिंग तथा शक्तिपीठ भी है। सती की देह से यहां उनका हृदय भाग गिरा था। यहां अनेक लोग सांसारिक कामनाओं से आते हैं और निर्जल व्रत करके मन्दिर में धरना देकर पड़े रहते हैं। सुना है कि दृढ़ निश्चय से धरना देने पर उनकी मनोकामना पूर्ण होती है।

कहते हैं कि राक्षसराज रावण ने कैलाश पर भगवान शंकर को सन्तुष्ट करने के लिए कठोर तप किया था। उनकी तपस्या से सन्तुष्ट होकर शंकर ने प्रत्यक्ष दर्शन दिए और वरदान मांगने को कहा। रावण ने प्रार्थना की कि भगवान शंकर लंका में निवास करें। शंकर ने रावण को वैद्यनाथ ज्योतिर्लिंग प्रदान करने की आज्ञा दी कि उसे वह लंका में स्थापित करे, परन्तु शंकर जी ने सावधान कर दिया कि मार्ग में कहीं पृथ्वी पर यह शिवलिंग रखेगा तो फिर उठा नहीं सकेगा।

देवता नहीं चाहते थे कि ज्योतिर्लिंग लंका जाय। आकाश मार्ग से लिंग लेकर जाते हुए रावण के पेट में वरुण ने प्रवेश किया जिससे रावण को लघु शंका का अत्यधिक वेग प्रतीत हुआ और विवश होकर पृथ्वी पर उतर पड़ा, वहां पर ब्राह्मण का वेश बनाए विष्णु उपस्थित थे अतः रावण ने कुछ क्षण रुकने को कहकर शिवलिंग ब्राह्मण को दे दिए।

रावण के पेट में जो वरुण देव बैठे थे अतः उनकी लघु शंका जल्दी पूरी नहीं हुई और इधर वृद्ध ब्राह्मण ने वह लिंग भूमि पर रख दिया, निवृत्त होकर रावण ने लिंग को उठाने की पूरी चेष्टा की पर वह असफल रहा। शिवलिंग तो पाताल तक चला गया था, भूमि के ऊपर तो वह केवल आठ अंगुल ही शेष रहा था। निराश होकर रावण ने चन्द्रकूप नामक कूप बनवाया और उसमें सब तीर्थों का जल एकत्र करके वैद्यनाथ का उसी कूप के जल से अभिषेक किया, इसके बाद आकाशवाणी द्वारा आश्वासन पाकर रावण लंका चला गया।

यहां दूर-दूर से आकर जल चढ़ाने का बड़ा माहात्म्य है। बहुत से यात्री कन्धों पर कांवर लिये बैजनाथ जाते हुए देखे जाते हैं। कुष्ठ रोग से युक्त व्यक्ति रोग मुक्त होने के लिए भी यहां आते

हैं। कहा तो यह जाता है कि इस स्थान पर कुछ समय तक रहा जाये तो व्यक्ति के सभी प्रकार के रोगों का शमन हो जाता है।

पूर्वी लाइन की हावड़ा-पटना लाइन पर जसीडीह स्टेशन है। जसीडीह से एक लाइन बैजनाथ धाम स्टेशन तक जाती है। जसीडीह से बैजनाथ धाम स्टेशन लगभग छः किलोमीटर है। स्टेशन से मन्दिर लगभग २ किलोमीटर दूर है। मन्दिर तक पक्की सड़क है तथा वाहन सुविधा से मिल जाते हैं।

### ८. श्री भीमशंकर

यह स्थान महाराष्ट्र राज्य में बम्बई से लगभग दो **सौ मील** दूर पूर्व-दक्षिण में सह्यद्रि पर्वत शिखर पर अवस्थित है। यहां तक पहुंचने का कोई भी सुविधाजनक मार्ग सुलभ नहीं है। केवल शिवरात्रि पर पूना से भीमशंकर तक बस जाया करती है।

यह मन्दिर अर्थात् भीमशंकर मन्दिर अत्यन्त प्राचीन है। यह सह्याद्रि पर्वत पर अवस्थित है। भीमा नदी यहीं से निकलती है। मुख्य मूर्ति से थोड़ा-थोड़ा जल झरता रहता है। मन्दिर के निकट ही दो कुण्ड है जिसे इतिहास पुरुष नाना फडनवीस ने बनवाया था।

एक कथानुसार जिस समय भगवान शंकर ने त्रिपुरासुर का वध करके इस स्थान पर विश्राम किया उस समय यहां पर अवध का भीमक नामक राजा तपस्या करता था। शंकर ने प्रसन्न होकर उसे दर्शन दिया और तभी से यह ज्योतिर्लिंग भीमशंकर के नाम से प्रसिद्ध हुआ।

शिव पुराण में कथा के अनुसार भीम शंकर का ज्योतिर्लिंग आसाम प्रान्त के कामरूप जिले में गोवाहाटी के पास ब्रह्मपुर पहाड़ी पर अवस्थित बतलाया जाता है। कुछ अन्य लोगों के अनुसार नैनीताल जिले के उज्जनक स्थान में एक विशाल शिव मन्दिर है, यही भीम शंकर का स्थान है।

परन्तु विशेषकर लोग महाराष्ट्र में स्थित ऊपर वर्णित स्थान पर स्थित मंदिर को ही भीम शंकर मानते हैं। यहां तक जाने के

लिए नासिक से बस द्वारा १५० कि० मी० जाना होता है और बस के बाद ६५ किलोमीटर का मार्ग पैदल तय करना पड़ता है।

दूसरा मार्ग बम्बई पूना लाइन पर लगभग २०० कि० मी० दूर नेरल स्टेशन है। यहां से बस मार्ग से भीम शंकर २०० कि० मी० दूर है। मार्ग में आंवा गांव आता है। जहां पर रात्रि में ठहरा जा सकता है। यहां से मंदिर ३० कि० मी० है जहां घोर जंगल में से पैदल जाना पड़ता है।

## ६. धुश्मेश्वर (कृष्णेश्वर)

मध्य रेलवे की मनमाड़-पूर्णा लाइन पर मनमाड़ से ६६ कि० मी० दूर दौलताबाद स्टेशन है। यहां से १२ मील दूर वैसल गांव के पास उक्त स्थान है। दौलताबाद स्टेशन से इस मंदिर तक जाने के लिए सवारियां सरलता से मिल जाती हैं।

इसके बारे में धार्मिक पृष्ठभूमि इस प्रकार है कि दक्षिण देश में देवगिरि पर्वत के निकट सुधर्मा नामक एक ब्राह्मण रहता था। उसकी पत्नी का नाम सुदेहा था परन्तु इस ब्राह्मण के कोई सन्तान नहीं थी। अतः सुदेहा के प्रबलतम आग्रह पर ब्राह्मण ने सुदेहा की बहन धुश्मा से विवाह कर लिया और उसके कुछ समय बाद उससे एक पुत्र प्राप्त हुआ। धुश्मा शिव की अनन्य भक्त थी और प्रतिदिन १०१ शिवलिंग बनाकर उसकी पूजा करती थी। कुछ समय बाद वह लड़का बड़ा हुआ और उसकी शादी हो गई जिससे सुदेहा ईर्ष्या से जल उठी और उसने एक रात को उस विवाहित पुत्र की हत्या कर उसका शव उसी तालाब में फेंक दिया जिस तालाब में धुश्मा शिवलिंग विसर्जित करती थी।

प्रातःकाल धुश्मा उसी प्रकार शिव-पूजन कर रही थी कि उस लड़के की बहू पलंग पर खून के छींटे देखकर चिल्लाती हुई बाहर आई पर धुश्मा कुछ भी नहीं बोली और उसी प्रकार जब वह तालाब के किनारे पहुंची तो शंकर की कृपा से वह बालक सकुशल तालाब से निकल आया और माता के चरणों में गिर पड़ा। वहीं पर भगवान शंकर प्रकट हुए और तब धुश्मा को अपनी बहन सुदेहा की करतूत का पता चला, जब शंकर ने मारंने के लिए उसे त्रिशूल

उठाया तो धुश्मा ने क्षमा-याचना कर शंकर का क्रोध शान्त किया। तब से यह स्थान ज्योतिर्लिंग के रूप में ख्यात है।

इस तालाब की और धुश्मेश्वर शंकर की बड़ी महिमा कही गई है।

**ईदृशं चैव लिंगं च दृष्ट्वा पापैः प्रमुच्यते।**
**सुखं सवर्धते-पुंसा शुक्ल पक्षे यथा शशी।।**

अर्थात् धुश्मेश्वर महादेव के दर्शन से सारे पाप दूर हो जाते हैं ओर सुख की वृद्धि उसी प्रकार होती है जिस प्रकार शुक्ल पक्ष में चंद्रमा की वृद्धि होती है।

**१०. त्र्यम्बकेश्वर**

यह ज्योतिर्लिंग महाराष्ट्र के नासिक जिले में है। मध्य रेलवे की जो लाइन दिल्ली से बम्बई जाती है, उस पर नासिक रोड एक स्टेशन है। यहां से १२ किलोमीट्र दूरी पर नासिक पंचवटी है जहां सीता-हरण हुआ था। यहां से ३० कि० मी० दूर त्र्यम्बकेश्वर का स्थान है। यहां के निकटवर्ती ब्रह्मगिरि नामक पर्वत से पवित्र गोदावरी नदी निकलती है।

यहां पर बृहस्पति के सिंह राशि में आने पर बड़ा भारी कुंभ का मेला लगता है। गौतम ऋषि की तपस्या के फलस्वरूप ही गोदावरी नदी पर्वत से प्रकट हुई थी, तब गौतम ऋषि और गोदावरी के प्रार्थना करने पर भगवान शिव ने इस स्थान में वास किया और त्र्यम्बकेश्वर नाम से प्रसिद्ध हुए।

इस मंदिर में छोटे-छोटे तीन लिंग हैं जो ब्रह्मा, विष्णु और महेश के प्रतीक माने जाते हैं।

शास्त्रों में वर्णित है कि इस लिंग के दर्शन स्त्रियों को नहीं करने चाहिए। उन्हें केवल मुकुट के ही दर्शन करने चाहिए। त्र्यम्बकेश्वर के समीप तीन पर्वत प्रसिद्ध और पवित्र हैं जिनके नाम ब्रह्मगिरि, नीलगिरि और गंगाद्वार हैं। यहां से कुछ दूरी पर चक्र तीर्थ नामक पवित्र प्रसिद्ध स्थान है, जहां गोदावरी का प्रत्यक्ष उद्‌गम दिखाई देता है।

### ११. नागेश्वर

राजकोट (गुजरात) से पश्चिम रेलवे की तारभ गांवा-ओखा लाइन द्वारा द्वारका जाकर वहां से बस द्वारा नागेश्वर पहुंचा जा सकता है। द्वारका से और भी कई साधन जाने के लिए हैं।

इसकी धार्मिक पृष्ठभूमि यह है कि सुप्रिय नामक एक वैश्य यात्रा में एक राक्षस द्वारा बन्दी बना दिया गया और जब उस राक्षस ने जेल से सुप्रिय की हत्या करनी चाही तो उसी समय शंकर भक्त सुप्रिय की करुण पुकार सुनकर वहां प्रकट हुए, तब सुप्रिय की रक्षार्थ राक्षस का वध कर हमेशा के लिए वहीं स्थित हो गये।

### १२. सेतुबन्ध रामेश्वर

तमिलनाडु के रामानाद जिले में भारत की दक्षिण सीमा के अन्तिम छोर पर यह स्थान है। यहीं पर बंगाल की खाड़ी अरब सागर में मिलती है। पुराणों में इस स्थान का नाम गंध मादन पर्वत है। इस लिंग को श्रीराम ने लंका पर चढ़ाई करते समय अपने हाथों से स्थापित किया था इसीलिए इसका नाम रामेश्वर पड़ा।

यह मन्दिर अत्यन्त भव्य है। यह ८६५ फीट लम्बा और ६५७ फीट चौड़ा है। यहां के खम्भे अत्यन्त विशाल हैं। मन्दिर में १२ फीट लम्बा तथा ८ फीट चौड़ा ६ फीट ऊंचा भव्य नन्दी है।

मन्दिर में २४ तीर्थों के कूप हैं जहां पर यात्री क्रम से स्नान किया करते हैं।

कहा गया है कि यदि गंगोत्री का जल लाकर भगवान रामेश्वर पर चढ़ाया जाय तो अतुलनीय पुण्य प्राप्त होता है।

इस मन्दिर के पास ही हनुमान द्वारा स्थापित शिवलिंग मंदिर भी है जिसका नाम 'काशी विश्नाथ' रखा गया है। श्री राम ने लंका विजय के बाद घोषणा की थी कि रामेश्वर की पूजा करने से पहले लोग हनुमान द्वारा स्थापित शिवलिंग की पूजा करेंगे।

यह शिवलिंग समुद्र की रेत से बना है जो कि माता सीता ने अपने हाथों से बनाया था। लोग इसी शिवलिंग की पूजा करते

हैं। प्रातः पांच बजे मणि के दर्शन भी कराये जाते हैं।

लंका विजय के बार राम ने ऋषि-मुनियों से पूछा कि मैंने पुलस्त्य कुल का नाश किया है अतः मुझे ब्रह्म-हत्या का दोष लगा है। प्रायश्चित्त रूप में मुझे क्या करना चाहिए?

तब ऋषि मुनियों ने इस शिवलिंग की पूजा का विधान बताया। तब से इस मंदिर की ख्याति बहुत अधिक बढ़ी है।

### बिल्व-पत्र-महिमा

भगवान शंकर को सर्वाधिक प्रिय बिल्व-पत्र है। शिव को बिल्व-पत्र अर्पण करने का मन्त्र निम्न है—

**ॐ नमो बिल्मिने च कवयिने च नमो वर्म्मिणे च**
**वरुथिने च नमः श्रुताय च श्रुतसेनाय च नमो**
**द्वन्दुभ्याय चाहनन्याय च नमो धृष्णवे।।**

निम्न प्रार्थना बिल्व-पत्र चढ़ाते समय की जानी चाहिए—

**काशीवास निवासी च कालभैरव पूजनम्।**
**प्रयागे माघ मासे च बिल्वपत्रं शिवार्पणम्।।**
**दर्शनं बिल्वपत्रस्य स्पर्शनं पाप नाशनम्।**
**अघोर पाप संहारं बिल्वपत्र शिवार्पणम्।।**
**त्रिदलं त्रिगुणाकारं त्रिनेत्रं च त्रिधायुतम्।**
**त्रिजन्म पाप संहारं बिल्व-पत्र शिवार्पणम्।।**
**अखण्डै बिल्वपत्रश्च पूजये शिव शकंरम्।**
**कोटि कन्या महादानं बिल्व-पत्रं शिवार्पणम्।।**
**ग्रहण बिल्व पत्राणि सुपुष्पाणि महेश्वरम्।**
**सुगन्धिनि भवानीश बिल्पवत्रम् शिवार्पणम्।।**

## शिव और प्रभावी साधनाएं

मन्त्रों के निर्माण का भी एक स्वतन्त्र विज्ञान है। मन्त्रों का एक निश्चित अर्थ होता है और वह उत्तम शिक्षाओं के साथ-साथ मानवोपयोगी सिद्धान्तों से ओत-प्रोत भी रहते हैं। परन्तु उनसें भी महत्त्वपूर्ण उनमें भरी शक्तियां हैं। क्योंकि वेदों के हर एक मन्त्र का गठन कुछ इस प्रकार के चमत्कारिक ढंग से किया गया है

कि उनका सीधा प्रभाव हमारी सूक्ष्म ग्रंथियों, षट्चक्रों और शक्ति-केन्द्रों पर पड़ता है जिससे सूक्ष्म जगत के शक्ति केंद्र जाग्रत होते हैं। मन्त्रों के विधिपूर्वक गठन से वह शब्द उनसे सम्बन्धित यौगिक ग्रंथियों को गुदगुदाते हैं। उनकी सोई हुई शक्तियों को जगाते हैं। उन ग्रंथियों में स्फूर्ति आने से वह क्रियाशील हो जाती हैं। जिस प्रयोजन विशेष के लिए जो मन्त्र होते हैं वह उसी प्रकार की ग्रंथियों को जगाते हैं, उन्हीं पर वह शब्द आघात करते हैं। इन ग्रंथियों की क्रियाशीलता से ही साधक को विभिन्न प्रकार की सिद्धियां प्राप्त होती हैं जो दूसरों को चमत्कार दिखाई देती हैं। परन्तु वास्तव में वह शब्दों की वैज्ञानिक प्रक्रिया का परिणाम है। विदेशी विचारक 'आर्टी में ब्लेक बर्न' ने इस तथ्य की पुष्टि करते हुए लिखा है कि संस्कृत भाषा के अक्षरों में भाव और अर्थ दोनों होते हैं। इन अक्षरों के युक्तिपूर्ण गठन से अनेक बार जादू का-सा प्रभाव दृष्टिगोचर होता है।

मन्त्र की पूर्ण सफलता उसके शुद्ध उच्चारण में है तभी उनमें गुंथे शब्दों का प्रभाव विभिन्न शक्ति केंद्रों पर संभव होता है। मन्त्र की सफलता में भावना का भी महत्त्वपूर्ण स्थान है। श्रद्धा और विश्वास इसके मेरुदण्ड हैं।

महर्षि रमण के आश्रम में साधकों को स्पष्ट आदेश था कि वेद-मन्त्रों के अर्थ जानने की आवश्यकता नहीं है। उनका प्रभाव तो उनके विधिवत् उच्चारण में ही है।

वेद-मन्त्रों का विधिवत् उच्चारण करने वाले जानते हैं कि उनके पाठ से किस प्रकार की प्रसन्नता, उल्लास, स्फूर्ति, आनन्द और अद्भुत मस्ती का प्रस्फुरण होता है। भिन्न-भिन्न मन्त्रों से भिन्न-भिन्न प्रयोजन सिद्ध होते हैं।

## पुरुष-सूक्त

पुरुष-सूक्त के मन्त्रों में ईश्वर के विराट् रूप का दिग्दर्शन कराया गया है। यह ईश्वर दर्शन की भूमिका सम्पादित करते हैं। इसकी ध्वनि इसके विशिष्ट मन्त्रों के अर्थों में ही सन्निहित है।

सहस्रों शिर, सहस्रों नेत्र वाले और सहस्रों चरण वाले यह परम

पुरुष पंचभूतों को व्याप्त करते हुए दस अंगुल के बराबर प्रदेश को अतिक्रमण कर स्थित हुए हैं।

यह वर्तमान विश्व, बीता हुआ और आगे आनेवाला विश्व यह सब परम पुरुष रूप ही है और जो अन्न रूप फल के कारण विश्व रूप को प्राप्त होता है, उस अमृतत्व का स्वामी परम पुरुष ईश्वर ही है।

यह त्रिकालात्मक विश्व इस पुरुष की महिमा ही है और वह पुरुष स्वयं तो इस विश्व से अत्यधिक है। सभी प्राणि-समूह इस पुरुष के चतुर्थ भाग हैं। इस पुरुष का त्रिपात् रूप अविनाशी व अपने ही प्रकाशात्मक स्वरूप में स्थित है।

संसार के स्पर्श से हीन यह तीन पद वाला परम पुरुष उच्च स्थान में स्थित हुआ है। इसका एक पाद इस संसार में सृष्टि-संहार द्वारा बारम्बार आगमन करता है और विविध रूप होकर स्थावर-जंगम प्राणियों को देखता हुआ व्याप्त करता है।

उस आदि पुरुष में विराट् की उत्पत्ति हुई। विराट् का अधिकरण करके एक ही पुरुष हुआ। वह विराट् पुरुष होकर विभिन्न रूप वाला हुआ और उसने पृथ्वी की रचना कर सप्तधातु वाले देहों की रचना की।

उसी पुरुष के मन से चंद्रमा, चक्षु से सूर्य, श्रोत से वायु और प्राण तथा मुख से अग्नि प्रकट हुई।

नाभि से अन्तरिक्ष, शिर से स्वर्ग, पांवों से पृथ्वी, कानों से सब दिशाएं उत्पन्न हुईं। इसी प्रकार लोकों की कल्पना की गई।

एक कवि ने इन भावों को सुन्दर शब्दों में गूंथा है—

**'विश्वासम्राट्! हे महाविराट! सब ओर तुम्हारी हैं आंखें।**
**सब ओर दृष्टिगत गति होती, सब होर तुम्हारी है शाखें।।**
**सब ओर तुम्हारे कान लगे हैं, अनन्त बाहु से अनन्त पाद।**
**सब ओर तुम्हारा सौम्य रूप, मधुर भाव से हमको झांके।**
**ऊपर, नीचे, बायें, दायें, सब ओर भासते हो छवि धाम।।**

ईश्वर के तत्त्व ज्ञान को समझने के लिए ओवश्यक है कि उसको सृष्टि के अणु-अणु में व्यापक माना व अनुभव किया जाय

और प्राणी मात्र से व्यवहार करते हुए इस अनुभूति को स्थिर रखा जाए। सभी साधनाओं व उपासनाओं की परिणति इसी व्यावहारिक दर्शन में हैं, शास्त्रों ने भी ईश्वर प्राप्ति का यही साधन बताया है।

वासुदेव शब्द की व्युत्पत्ति करते हुए महाभारत में कहा है—'सर्व भूताधिवासश्च वासुदेवस्ततो ह्ययम्।' मैं प्राणिमात्र में वास करता हूं, इसी से मुझको वासुदेव कहते हैं। जब साधक को यह व्यावहारिक अनुभव हो जाता है कि जो कुछ है वह सब वासुदेव ही है। भगवान ने गीता में आश्वासन दिया है कि ऐसा ज्ञानवान मुझको पा लेता है। ऐसा साधक अद्वैत कृष्ण का ही अनुभव करने लगता है। उसे सर्वत्र अद्वैत ही भाषित होता है। द्वैत नहीं। इस ज्ञान को गीता में सात्त्विक ज्ञान की संज्ञा दी है। जिस ज्ञान से यह विदित होता है कि विभिन्न अर्थात् भिन्न-भिन्न सब प्राणियों में एक ही अविभक्त और अव्यय भाव या तत्त्व है, उसे सात्त्विक ज्ञान ही समझना चाहिए।

शंकराचार्य का मत है कि बाह्य दृष्टि से पदार्थों को दिखाई देने वाली अनेकता सत्य नहीं है। उनमें तो शुद्ध और नित्य ब्रह्म व्याप्त है। उसी को माया से इन्द्रियों की अभिन्नता का आभास होता है। आत्मा ही मूलतः ब्रह्म रूप है। इस अनुभूति के अभाव में योग की प्राप्ति संभव नहीं है। इसी को उन्होंने अद्वैतवाद की संज्ञा दी।

तिलक ने अद्वैत ज्ञान की महत्ता को स्पष्ट शब्दों में प्रतिपादित किया है—'जिसने द्वैत-भाव को छोड़कर आत्म-स्वरूप को जान लिया है उसे चाहे प्रारम्भ कर्म-क्षय के लिए देहपात होने की राह देखनी पड़े तो भी उसे मोक्ष-प्राप्ति के लिए कहीं भी नहीं जाना पड़ता क्योंकि ब्रह्म निर्वाण रूप मोक्ष तो उसके सामने हाथ जोड़े खड़ा रहता है।

इन भावों को मन में ओत-प्रोत करने से साधक एकता और अद्वैत की अनुभूति करता है। यह साधना की उच्चतम स्थिति है। पुरुष-सूक्त का पाठ व हवन करते हुए उपर्युक्त विचारों का चिन्तन

व मनन आवश्यक है। यही वास्तव में विराट रूप ईश्वर की उपासना है। मन्त्र यों है—

**ॐ सहस्रशीर्षा पुरुषः सहस्राक्षः सहस्रपात्।**
**सभूमि ७ सर्वतस्पृत्त्वा त्यतिष्ठ द्दशाङ्गुलम्।।**
**पुरुष एवेद ७ सर्व यद्भूतं यच्च भाव्यम्।**
**उतामृतत्वस्येशानो यदन्नेनातिरोहति।।**
**एतावानस्य महिमातो ज्यायांश्चपुरुषः।**
**पादोस्य विश्वाभूतानि त्रिपादस्या मृतं दिवि।।**
**त्रिपादूर्ध्व उदैत्पुरुषः पादोस्येहा भवत्पुनः।**
**ततो विष्वङ्व्यक्रामत्साशनानशने अभि।।**
**ततो विराड जायत व्विराजो अधिपुरुषः।**
**सजातो अत्यरिच्यत पश्चात् भूमि मथोपुरः।।**
**तस्माद्यज्ञात्सर्वहतः सम्भृतं पृषदाज्यम्।**
**पशूं स्ताच्चक्रे वायव्यानारण्या ग्राम्याश्चजे।।**
**तस्माद्यज्ञात्सर्वहुतः ऋचः सामानि जज्ञिरे।**
**छन्दा ७ सि जज्ञिरे तस्माद्यजुस्तस्मादजायत।।**
**तस्मादश्वा अजायन्त ये के चोभयादतः।**
**गावो ह जज्ञिरे तस्मात्तस्माज्जाता अजावयः**
**तं यज्ञम्बर्हिषि प्रोक्षन्पुरुषञ्जातमग्रतः।**
**तेन देवा अयजन्त साध्या ऋषयश्च ये।।**
**यत्पुरुषं व्यदधुः कतिधा व्यकल्पयन्।**
**मुखङ्किमस्यासीत्किम्बाहु किमूरु पादाउच्येते।।**
**ब्राह्मणोस्य मुखमासीदबाहू राजन्यः कृतः।**
**उरू तदस्य यद्वैश्यः पद्भ्या ७ शूद्रोऽअजायत**
**चन्द्रमा मनसो जातश्चक्षोः सूर्यो अजायत।**
**श्रोत्राद्वायुश्च प्राणश्च मुखादग्निरजायत।।**
**नाभ्या आसीदन्तरिक्ष ७ शीर्ष्णो द्यौः समवर्तत।**
**पद्भ्यां भूमिर्दिशः श्रोत्रात्तथालोकां अकल्पयन्।।**
**यत्पुरुषेण हविषा देवा यज्ञमतन्वतः।**
**वसन्तोस्यासीदाज्यङ्ग्रीष्म इध्मः शरद्धविः।।**

सप्तास्यासन्परिधयस्त्रिः सप्तसमिधः कृताः।
देवा यद्यज्ञन्तन्वाना अबध्नं पुरुषं पशुम्।।
यज्ञे यज्ञमयजन्त देवास्तानि धर्माणि प्रथमान्यासन्।
तेह नाकं महिमानः सचन्त यत्र पूर्वेसाध्याः सन्ति देवाः।।
अद्भ्यः सम्भृतः पृथिव्यै रसाच्च विश्वकर्मणः समवर्तताग्रे।
तस्य त्वष्टा विदवद्रुपमेर्ति तन्मत्त्रस्य देवत्वमाजानगे
वेदाहमेतं पुरुषं महान्तमादित्यवर्णां तमसः परस्तात्।
तमेवं विदित्वाति मृत्युमेति नान्यः पन्था विद्यतेऽयनाय।।
प्रजातपश्चरित गर्भेऽअन्तरजायमानो बहुधा विजायते।
तस्य योनिं परिपश्यन्ति धीरास्तस्मिन्हतस्थुर्भुवनानि विश्वा।।
यो देवेभ्यऽआतपति यो देवानां पुरोहितः।
पूर्वो यो देवेभ्यो जातो नमो रुचाय ब्राह्मये।।
रुचं ब्राह्मं जनयन्तो देवाऽअग्रतदब्रुवन्।
यस्तवैवं ब्राह्मणो विद्यात्तस्य देवाऽअसन्वशे।।
श्रीश्च ते लक्ष्मीश्च पत्न्या वहोरात्रे।।
पाश्वें नक्षत्राणि रूपमश्विनो व्याप्तम्।
इष्णान्षिाणांमुमऽइषाण सर्वलोकं मऽइषाण।।

## भगवान-महिमा

### प्राण रक्षार्थ भगवान के विचित्र हाथ

एक्सप्रेस ट्रेन की खट्-खट्........वातावरण में मर्मभेदी शोर, पटरियों से पहिये की रगड़ की तीखी ध्वनि.........दौड़ती रेलगाड़ी के इन्जिन से फक्-फक् निकलता हुआ काला धुआं।

ट्रेन बड़ी तीव्र गति से लोहे की पटरियों पर दौड़ रही थी, जैसे घनघोर अन्धेरे में शोर करती हुई भीड़-भाड़ भागी जा रही हो।

चारों ओर व्याप्त कोहरे को चीरती हुई यह एक्सप्रेस ट्रेन इग्लैण्ड के लन्दन की ओर भागी जा रही है।

आज इस ट्रेन में रोजना की अपेक्षा अत्यधिक भीड़-भाड़ है। बेहद चहल-पहल और शोर-गुल है। इतने मुसाफिर तो प्रायः मेलों

या उत्सवों के अवसरों पर ही सफर किया करते हैं। इतना रश बहुत कम दिखाई देता है।

फिर आज यह भीड़-भाड़ क्यों?

इस शोरगुल का क्या कारण है?

आज इस ट्रेन से इंग्लैण्ड की महारानी विक्टोरिया भी सफर कर रही हैं? अनेक उत्सुक व्यक्ति सम्राज्ञी विक्टोरिया के पुण्य दर्शनों के लिए स्टेशन पर जमा थे। भीड़ क्या थी, जैसे नरमुण्डों का विशाल समुद्र हो! असंख्य उत्सुक नेत्र इंग्लैण्ड की सम्राज्ञी के दर्शनों की उत्कष्ठा लिये भीड़ में आगे-आगे आने का प्रयत्न कर रहे थे।

प्लेट फार्म से जब ट्रेन चली, तब अनेक दर्शक बिना टिकिट की परवाह किए ही ट्रेन में सवार हो गए कि शायद किसी अगले स्टेशन पर सम्राज्ञी के दर्शनों का पुण्य-लाभ हो जाए! मनुष्य भावी आशा के सुनहरे पंखों पर व्योमविहार किया करता है!

जंगल में चारों ओर अन्धेरा!

आस-पास ट्रेन के सामने लगी सर्चलाइट के अतिरिक्त चारों ओर अन्धकार की काली चादर फैली हुई थी। कुछ न सूझता था। इंजिन-ड्राइवर बड़ा चौकन्ना था। वह रेल की पटरियों पर दृष्टि लगाये इंजिन चला रहा था। रफ्तार बहुत अधिक थी।

सहसा एक अभूतपूर्व घटना घटित हुई!

इंजिन ड्राइवर को ऐसा लगा जैसे रेल की लाइन के किनारे खड़ा एक लम्बे कद का आदमी अपनी दोनों लंबी भुजाएं ऊंचे किए किसी भावी खतरे की सूचना देने के इरादे से ट्रेन को फौरन रोक देने का मानो संकेत कर रहा हो—

"रुको ड्राइवर। ट्रेन को तुरंत यहीं खड़ा कर दो। तुम सबके लिए, ट्रेन के लिए, सम्राज्ञी के लिए आगे एक भयानक खतरा आ रहा है। यहीं ब्रेक लगा कर रोक देने से वह बच सकता है। "ट्रेन को बिना देर किए रोको और इतने यात्रियों के प्राणों की रक्षा का पुण्य-लाभ लो।" कुछ ऐसी ध्वनि उसकी अन्तरात्मा में अकस्मात् सुन पड़ी!

ड्राइवर का मन भिन्न-भिन्न विचारों के संघर्ष से परिपूर्ण हो उठा।

यह घनघोर अन्धकार! चारों ओर सुनसान जंगल! यात्रियों की भीड़ से खचाखच भरी ट्रेन! और फिर इंग्लैण्ड की लोकप्रिय सम्राज्ञी आज इसी ट्रेन से सफर कर रही हैं। क्या जंगल में अचानक ट्रेन रोक देना खतरनाक न होगा?

कोई डाकुओं का छिपा दल एकाएक आक्रमण कर सबको लूट ले! मार-काट मचा दे, तब क्या होगा?

सम्भव है, यह कोई शरारत हो! कोई शठ मजाक ही न कर रहा हो? और........और कोई कुटिल राजनीतिक षड्यन्त्र रच रहा रहा हो तो? सम्भव है राज-परिवार में ही सम्राज्ञी का कोई विरोधी उनकी हत्या का घिनौना षड्यन्त्र कर रहा हो।

"नहीं-नहीं, यहां ट्रेन के रोकने के अनेक दुष्परिणाम हो सकते हैं।" ड्राइवर ने सोचा।" "एक आदमी के.......सो भी गैर जिम्मेदार व्यक्ति के संकेत मात्र पर ही ट्रेन नहीं रोकूंगा।"

ड्राइवर कुछ भी निर्णय नहीं कर पा रहा था। उसका मन भय से शंकित था।

उसने सोचा, बार-बार विचार किया।

यह भी सम्भव है कि वास्तव में ही आगे ट्रेन के लिए कोई संकट हो! ट्रेन के न रुकने से कोई दुर्घटना न हो जाए।

प्रभु का नाम ले उसने मन में मानो वेद-मन्त्र के अनुसार यह सोचा–

**तेजोऽसि तेजो मयि धेहि, वीर्यमसि वीर्य मयि धेहि।**
**......बलमसि बलं मयि धेहि, ओजोऽस्योजौ मयि धेहि।**
**मन्युरसि मन्युं मयि धेहि, सहोऽसि सहो मयि धेहि।।**

हे परमेश्वर! तू प्रकाश स्वरूप है। इस संकट के समय मुझे 'विवेक बुद्धि' निर्णय की शक्ति दे! तू पराक्रमवान है, मुझे वीर्य दे। तू बल है, मुझे मनोबल दे। तू ओजस्वी है, मुझे भी ओजस्वी बना। तू दुष्टों पर क्रोध करता है, मैं भी वैसा ही करूं। तू सहनशील है, मुझे भी सहनशील बना!"

सच है—जो विश्वास करते हैं, परमात्मा उन्हें सद्‌बुद्धि देते हैं—

**त्वामग्ने पुष्करा वध्यथर्वा निरमन्थत।**

**मूर्ध्नो विश्वस्य बाधतः।।**

अर्थात्—परमात्मा रानियों के हृदय में प्रकाशस्वरूप और मस्तिष्क में विचार स्वरूप प्रकट होता है।

यही बात हुई यहां!

भगवान् का संकेत मान उसकी अन्तरात्मा में एकाएक ट्रेन को वहीं खड़ी कर देने की इच्छा तीव्र हो उठी। उसे लगा कि सचमुच ही आगे ट्रेन के लिए कोई खतरा है। या तो कहीं पटरियों में कोई खराबी है, षड्‌यन्त्र है या पुल इत्यादि टूट गया है। वह सोच-विचार में पड़ा रहा। ट्रेन रोके या भ्रम ही मानकर उस शंका को मन से निकाल दे?

क्या निर्णय ठीक रहेगा?

अन्ततः जन-कल्याण की भावना से भरकर ड्राइवर ने खतरा मोल ले लिया। उसने जल्दी-जल्दी ब्रेक लगाये।

कुछ दूर तक तो एक्सप्रेस ट्रेन घिसटती-घिसटती आगे खिसकती रही, पर काफी मेहनत के बाद कोई सौ गज आगे चलकर गाड़ी एकाएक 'डेडस्टाप' हो गई। एकदम रुक गई।

रेल के यात्रियों को झटके लगे। सब चकित हो उठे। आखिर, घंनघोर अन्धकार में, जंगल के सुनसान वातावरण में तेज रफ्तार पर दौड़ती हुई ट्रेन एकाएक क्यों रुक गयी? क्या कोई दुर्घटना घटी है? ट्रेन का सिग्नल डाउन नहीं हुआ है? या कोई छोटा-सा स्टेशन आ गया है?

यात्री खिड़कियों से गर्दनें बाहर निकालकर कारण जानने के लिए बाहर देखने लगे। कुछ लोग ट्रेन से उतर आये। महारानी विक्टोरिया के साथ बैठे हुए अफसर भी चकित हो बाहर झांकने लगे।

सबने देखा इंजिन ड्राइवर और गार्ड दोनों उस दैत्याकार आदमी को खोजने और ट्रेन रुकवाने की जानकारी प्राप्त करने के लिए गाड़ी से उतर आये थे, वे आगे जा रहे थे।

कहां गया वह लम्बा आदमी, जिसने ट्रेन रुकवायी थी?

उन्होंने बहुत ढूंढ़ा! बहुत आवाजें दीं। पर कहीं कोई इन्सान नजर नहीं आया।

अब ड्राइवर अपनी जल्दबाजी और मूर्खता पर पछता रहा था! ड्राइवर और गार्ड दोनों अपनी कारगुजारी पर लज्जित-से हो रहे थे। जंगल में मामूली संकेत मात्र पर एक्सप्रेस ट्रेन को रोककर सचमुच आज वे बड़ी मूर्खता कर बैठे थे।

कुछ लोग आगे तक घूमते घूमते बढ़ गये!

कुछ उस आदमी को इधर-उधर खेतों में तलाश करने लगे!!

इतने में कोई सौ गज आगे गयी टुकड़ी वाले जोर से चिल्लाये—

"गाड़ी मत चलाना........वहीं......रुके रहो........आगे पुलिया टूटी पड़ी है.......ट्रेन उसमें गिरकर नष्ट हो जाएगी.......बड़ी भारी दुर्घटना होने जा रही थी........अभी रुको.........हम सब बतलाने भागे आ रहे हैं...।"

एक अजीब स्थिति छा गयी।

लोग बेतहाश दौड़-दौड़े आये। कहने, लगे, आगे एक पुलिया है। किसी ने उसे तोड़-फोड़ डाला है। यह ट्रेन अगर न रुकती तो आज एक भयंकर दुर्घटना हो जाती। उस अज्ञात आदमी ने अन्धेरे में ऊंची बांहों से सिग्नल दे ट्रेन को रुकवा कर बड़े उपकार का कार्य किया है। पता नहीं, उसे पुल के टूटने की बात क्यों कर मालूम हो गयी और उसने रेवले लाइन के समीप खड़े रहकर कैसे इस ट्रेन को ऐन मौके पर बचा दिया। ऐसे उपकारी व्यक्ति को जितना इनाम दिया जाए, थोड़ा है। उसकी जितनी प्रशंसा की जाए वही कम है।

यही खबर महारानी विक्टोरिया के पास पहुंची। उन्होंने इस प्राणदाता की प्रतिष्ठा करने के लिए एक बार फिर खोज करने का आदेश दिया। नये सिरे से उस उपकारी आदमी को फिर ढूंढ़ा गया। राज्य की पुलिस ने रेल लाइन के आस-पास के खेतों, इलाकों और गांवों में खूब तलाश किया, सब ओर घूम-घूमकर

काफी पूछताछ की, रुपये तथा इनाम के बड़े-बड़े लालच दिए, पर वह प्राण बचाने वाला आदमी पुलिस को कहीं न मिला।

सभी उस गुप्त सहायक की भरपूर प्रशंसा कर रहे थे। लोग कह रहे थे, अपने लिए जीवित रहना, अपनी ही समस्याओं की चिन्ता करना, अपनी ही प्रसन्नता ढूंढ़ना उन लोगों का काम है, जिनके लिए मनुष्यता का कोई मूल्य नहीं। दूसरों का भला और समूहगत समस्याओं का ध्यान करने वाला मनुष्य ही सच्चा मनुष्य है। सहयोग के आधार पर ही मानव जाति ने इतनी प्रगति की है। उसके भविष्य का अन्धकारग्रस्त होना या प्रकाशमय होना इसी बात पर निर्भर है कि परस्पर स्नेह, सहयोग, उदारता और सेवा की भावनाएं मानव-जीवन में से कितनी घटती या बढ़ती जाती हैं।

वह लोकसेवी व्यक्ति चर्चा का विषय बना रहा है। उसके जन-कल्याण के कार्य को बड़ा सराहा गया।

पुल की मरम्मत के बाद वह रेलगाड़ी कई दिनों बाद लन्दन पहुंची। रहस्य की खोजबीन अभी तक जारी थी। सबको मानो नया जन्म मिला था। सभी यात्रियों की इच्छा थी कि उस जान बचाने वाले आदमी को परोपकार के लिए सार्वजनिक रूप से पुरस्कृत किया जाए। सब उसे कुछ भेंट दें।

रेलवे गार्ड में गाड़ी के आने पर नियमानुसार जब ट्रेन के इन्जिन की जांच पड़ताल होने लगी, तब एकाएक उस दिन के रहस्य का कारण मालूम हुआ।

वह क्या था?

परमात्मा की लीला विचित्र है। उसकी सहायता के रूप असंख्य हैं।

**कदाचन शरीरसि नेन्द्र संश्चसि दाशुषे।**
**उपोपेन्तु मधुवन भूय इन्नुते दानं देवस्य प्रच्चते।।**

अर्थात् ईश्वर का न्याय विचित्र है। वह किसी के कर्म को निष्फल नहीं रखता न किसी निरपराध को दण्ड देता है। इस

जन्म में और पुनर्जन्म में प्रत्येक मनुष्य के लिए उसने कर्मानुसार फल की व्यवस्था कर दी है।

उस इंजिन को सर्चलाइट में संयोग से एक बरसाती कीड़ा फंस गया था। घने कोहरे मे जब वह अपने दोनों पंखों को फड़फड़ा कर सर्चलाइट के सामने आ रहा था, तब ट्रेन के ड्राइवर को भ्रमवश उसकी मूर्ति लम्बे-चौड़े शरीर वाले आदमी जैसी लगी थी और कीड़े के दोनों पंख आदमी के ऊंचे उठे हुए हाथ दिखाई दिये थे।

राज के आदेशानुसार उस प्राण बचाने वाले मरे हुए कीड़े की प्रतिष्ठा की गई। असंख्य मुसाफिरों और सम्राज्ञी की प्राण रक्षा करने के उपलक्ष्य में उसे ब्रिटिश म्यूजियम में प्रतिष्ठित किया गया वहां वह आज भी परोपकार के प्रतीक के रूप में रखा हुआ है।

**सहस्रशीर्षा पुरुषः सहस्राक्षः सहस्रपात्।**
**स भूमि ७ सर्वतः स्पृत्वात्यतिष्ठद्दशाङ्गुलम्।।**

अर्थात्—जो परमात्मा असंख्य सिर, आंख और पांवों वाला है, जो पांच स्थूल और पांच भूतों से युक्त सम्पूर्ण विश्व में व्याप्त है, उस नित्य, शुद्ध-बुद्ध और मुक्त-स्वभाव परमात्मा की ही हम उपासना करें। इसी से हमें धर्म, अर्थ, काम और मोक्ष की प्राप्ति होगी।

**यस्येमे हिमवन्तो महित्वा।**
**यस्य समुद्रं रसया सहाहः।**
**यस्येमाः प्रदिशो यस्य बाहु**
**कस्मे देवाय हविषा विधेम**

अर्थात् बर्फ से आच्छादित पर्वत, पृथ्वी और समुद्र जिसकी महिमा का गान करते हैं, चारों दिशाएं ही जिसकी विशाल भुजाएं हैं, उस विराट विश्व पुरुष का हम सदैव ध्यान करते रहें, वहीं हमारा सदा सहायक है।

ईश्वर-प्राप्ति का राजमार्ग एक ही है कि उसकी सृष्टि को अधिक सुखी और सुन्दर बनाने के लिए जितना कुछ अपने से हो सके, उसे करने में प्रसन्नता का अनुभव किया जाए। अपनी

सुविधाओं में जो जितनी अधिक कटौती करके अपने से पिछड़ें हुए लोगों को ऊंचा उठाने में त्याग करता है, उसे उतना ही बड़ा ईश्वर-भक्त कहना चाहिए। दया उदारता, सेवा और संयम को दैनिक जीवन में चरितार्थ करना ही, ईश्वर की प्रसन्नता का सर्वश्रेष्ठ साधन हो सकता है।

**मानवता की रक्षार्थ बलिदान**

"क्या कोई ऐसा साहसिक व्यक्ति है, जो अपने अंगों पर रेडियम के प्रयोग की अनुमति देकर कैंसर की चिकित्सा को आगे बढ़ा सके?" यह एक चुनौती थी।

चिकित्सा का क्षेत्र डॉक्टरों तथा अनुसंधान-कर्ताओं के लिए तो कष्ट साध्य है ही, रोगों के कीटाणुओं सम्बन्धी प्रयोग भी कम खतरनाक नहीं है। ऐसे किसी साहसिक व्यक्ति की तलाश थी जो कैंसर जैसे भयानक रोग सम्बन्धी परीक्षणों के लिए अपना शरीर बलिदान कर सके। अनुसंधान के लिए शहीद हो सके!

आज हर एक समझदार व्यक्ति जानता है कि कैंसर कैसा खतरनाक रोग है! इसके साथ मृत्यु जुड़ी हुई है। अमुक व्यक्ति को कैंसर हो गया है, यह सुनकर रोंगटे खड़े हो जाते हैं! मौत की घण्टी सुन पड़ती है।

उन रोगियों की कल्पना कीजिए, जो कैंसर से पीड़ित हो जाते हैं। तिलतिल कर फोड़ा गलता जाता है। गलते-गलते अन्त में मनुष्य संज्ञा-शून्य हो जाता है। फिर दर्दनाक मौत! उफ!!

उस मृत्यु का दारुण कष्ट कोई सहृदय व्यक्ति ही अनुभव कर सकता है। उसकी पीड़ा को अपनी आत्मा में कौन अनुभव कर सकता है! शायद बहुत कम, हजारों में केवल एक! कैंसर का आक्रमण मृत्यु का ही दुःखद कारुणिक संदेश है।

चिकित्साशास्त्री गत वर्षों से कैंसर की चिकित्सा के लिए भांति-भांति के प्रयोग कर रहे थे। यह रोग कैसे फैलता है? इसके कीटाणु क्यों कर जन्म लेकर बढ़ते और शरीर का क्षय करते हैं? इसका उपचार क्यों कर किया जाय? आदि अनेक समस्याएं चिकित्सकों के समाने थीं।

आज रेडियम द्वारा कैंसर का उपचार सरल और सुगम हो गया है, किन्तु यह प्रसंग उस समय का है, जब चिकित्सक उसके विविध प्रयोगों में लगे थे और रोग पर इसकी प्रतिक्रिया की खोज कर रहे थे।

रेडियम का उपचार एक इतना खतरनाक काम था कि डॉक्टरों की हिम्मत इसका प्रयोग करने में हारती थी। कारण यह था कि रुग्ण अंग के अतिरिक्त रेडियम की किरणें रोगी के जिस अंग पर पड़ जाती थीं, वह बिल्कुल गल जाता था। ऐसी दशा में उसकी वैज्ञानिक जांच-पड़ताल किए बिना उसका प्रयोग बुद्धिमानी नहीं समझा जाता था।

लेकिन अनुसंधान-कर्ताओं को वैज्ञानिक प्रगति के लिए प्रयोग के साधन और सुविधाएं चाहिए। नये से नये औजार, ओषधियां और ऐसे साहसिक व्यक्ति चाहिए, जो अपने अंगों पर प्रयोगों की अनुमति देकर वैज्ञानिक प्रयोगों को आगे बढ़ाने में सहायक हों। जो मानवता की प्रगति में अपनी आहुति दे डालें। शरीर का मोह न करें। उसे समाज के हित और प्रसन्नता के लिए अर्पित कर दें।

यह कार्य भी उतना ही महत्त्वपूर्ण है जितना कि डॉक्टर की बुद्धि और खोज की नयी दिशा! जो व्यक्ति प्रयोग के लिए अपना बहुमूल्य शरीर देता है, वह भला युद्ध में देश के लिए शहीद होने वाले व्यक्ति से क्या कम है!

अपने अंगों पर रेडियम के प्रयोग की अनुमति देकर वैज्ञानिक प्रगति के कार्य को आगे बढ़ाने का दूसरा मतलब था प्राणोत्सर्ग।

'क्या कोई ऐसा साहसी व्यक्ति है, जो रेडियम की प्रतिक्रिया को अपने कीमती शरीर पर करने दे? शहीद होने को तैयार हो जाये?' डॉक्टर पुकार रहे थे। उन्हें ऐसा जीवित आदमी चाहिए था जो रोग को अपने शरीर में फैलाते हुए देखे और मरने को हर क्षण तैयार रहे। अपनी आंखों से अपनी मौत देखे।

पर ऐसा कोई धीर व्यक्ति न था, जो मानवता की भलाई और उन्नति की वेदी पर अपना दान कर सके।

यह पुकार एक वीर महिला ने सुनी और वह रेडियम के उपचार के खतरनाक प्रयोग को अपने शरीर पर करवाने को तैयार हो गई। इस साहसी महिला का नाम था श्रीमती ऐना-राबर्ट्स!

श्रीमती ऐना राबर्ट्स यह कहते हुए अपने प्राणोत्सर्ग के लिए तैयार हो गई—यदि मेरे एक प्राण जाने से सहस्त्रों रोगियों की प्राण की रक्षा हो सके और मनुष्य के रोग-शोक दूर करने में चिकित्सा-विज्ञान प्रगति कर सके, तो मुझे मरने में शोक नहीं, हर्ष ही होगा। यह शरीर मानव मात्र की उन्नति और अनुसंधान के लिए बलिदान है। यदि इस एक शरीर के जाने से सैकड़ों-हजारों रोगियों की चिकित्सा में सहायता मिल सकती है, तो मैं सहर्ष अपने शरीर पर प्रयोग करवाने और फलस्वरूप मरने को तैयार हूं।'

कैसा था साहसपूर्ण संकल्प! मानवता की रक्षा हेतु कितना बड़ा बलिदान!

उन्होंने अन्त में अपना वचन पूरा कर दिखाया! धन्य हैं वे आत्मा जो मानवता की सेवा और रक्षा में प्रयत्नशील हैं!

## शिव-वन्दना : नमस्कार मन्त्र

**शिव-वन्दना**

**कर्पूर-गौरं करुणावतारं, संसार-सारं भुजगेन्द्र-हारम्।**
**सदा वसन्तं हृदयारविन्दे, भवं भवानी सहितं नमामि।।**

**नमस्कार मन्त्र**

**ॐ नमः शम्भवाय च मयोभवाय च।**
**नमः शंकराय च मयस्कराय च।**
**नमः शिवाय च शिवतराय च।**

**भंग चढ़ाने का मन्त्र**

**ॐ विज्ज्यं धनुः कपर्द्दिनो व्विशल्ल्यो बाठावां २उत।**
**अने शन्नस्य या ऽ इषवऽआयुरस्य निषंगधिः।।**

**बिल्व-पत्र मन्त्र**

**ॐ नमो बिल्म्मिने च कवचिने च नमो व्वम्मिणे च व्वरुथिने च नमः।**

श्रुताय च श्रुतसेनाय च नमो दुंदुभ्याय चाहनन्याय च नमो धृष्णवे।।

**शिव पञ्चाक्षर स्तोत्र**

नागेन्द्र हाराय त्रिलोचनाय,
भस्माङ्गरागाय महेश्वराय।
नित्याय शुद्धाय दिगम्बराय,
तस्मै नकाराय नमः शिवाय।।
मन्दाकिनी सलिलचन्दन चर्चिताय,
नन्दीश्वर प्रमथनाथ महेश्वराय।
मन्दार पुष्प बहुसुपूजिताय,
तस्मै मकाराय नमः शिवाय।।
शिवाय गौरीवदनाब्जवृन्द-
सूर्याय, दक्षाध्वर नाशकाय।
श्रीनील कण्ठाय वृषध्वजाय,
तस्मै शिकाराय नमः शिवाय
वशिष्ठ कुम्भोद्भव गौतमार्य,
मुनीन्द्र देवार्चित शेखराय।
चन्द्रार्क वैश्वानर लोचनाय,
तस्मै वकाराय नमः शिवाय
यज्ञस्वरूपाय जटाधराय,
पिनाक हस्ताय सनातनाय।
दिव्याय देवाय दिगम्बराय,
तस्मै यकाराय नमः शिवाय।।
पंचाक्षरमिदं पुण्यं यः पठेच्छिवसंन्निधौ,
शिव लोकमवाप्नोति शिवेन सह मोदते।।

**वेद-सार शिव-स्तोत्रम्**

पशूनां पतिं पाप नाशं परेशं,
गजेन्द्रस्य कृत्तिं वसानं वरेण्यम्।
जटा जूट मध्ये स्फुरद्गांङ्वारि,
महादेवमेकं स्मरामि स्मरामि।।

महेशं सुरेशं सुरारार्तिनाशं,
विभुं विश्वनाथं विभूत्यंग भूषम्।
विरूपाक्षमिन्द्वर्क वह्नि त्रिनेत्रं,
सदानन्दमीडे प्रभुं पंचवक्त्रम्।।
गिरीशं गणेशं गले नीलवर्णं,
गवेन्द्राधिरूढं गुणातीत रूपम्।
भवं भास्वरं भस्मना भूषिताङ्गं,
भवानीकलत्रं भजे पंचवक्त्रम्।।
शिवाकान्त शम्भो शशाङ्कार्धमौले,
महेशान शूलिन जटाजूटधारिन्।
त्वमेको जगद्व्यापको विश्वरूपः,
प्रसीद प्रसीद प्रभो पूर्णरूपः।।
परात्मानमेकं जगदीजमाद्यं,
निरीहं निराकारमोङ्कारवेद्यम्।
यतो जायते पाल्यते येन विश्वं,
तमीशं भजे लीयते यत्र विश्वम्
न भूमिर्न चापो न वह्निर्न वायु'
नं चाकाशमास्ते न तन्द्रा न निद्रा।
न ग्रीष्मो न शीतं न देशो न वेषो,
न यस्यास्ति मूर्तिस्त्रिमूर्तिं तमीडे
अजं शाश्वतं कारणं कारणानां,
शिवं केवलं भासकं भासकानाम्।
तुरीयं तमः पारमाद्यन्तहीनं,
प्रपद्ये परं पावनं द्वैतहीनम्।।
नमस्ते नमस्ते विभो विश्वमूर्ते,
नमस्ते नमस्ते चिदानन्दमूर्ते।
नमस्ते नमस्ते तपोयोगगम्यं,
नमस्ते नमस्ते श्रुतिज्ञानगम्यं।।
प्रभो शूलपाणे विभो विश्वनाथ,
महादेव शम्भो महेश त्रिनेत्र।

शमित विकृतिवाते यंत्र नान्तर्बहिश्च,
तमहह हरमीडे चित्तवृत्तेर्निरोधम्।।
गलित तिमिरमालः शुभ्र तेजः प्रकाशः,
धवलकमल शोभः ज्ञान पुञ्जाट्टहासः।।
यमिजनहृदिगम्यः निष्कलं ध्यायमानः,
प्रणतमवतु मां सः मानसो राजहंसः।।
दुरित दलन दक्षं दक्षजातत्तदोषं,
कलित कलिकलङ्ग कम्रक हत्नार कान्तम्।
परहित करणाय प्राणविच्छेद सूतकं,
नत नयन नियुक्तं नीलकण्ठं नमामः।।

## शिवमानस पूजा-स्तोत्रम्

रत्ने कल्पित मानसं हिमजलैः स्नानं च दिव्याम्बरं,
नाना रत्नविभूषितं मृगमदामोदांकितं चन्दमन्।
जाती-चम्पक-बिल्वपत्र-रचितं पुष्पं च धूपं तथा,
दीपं देव दयानिधे पुशुपते हृत्कल्पितं गृह्यताम्।।
सौवर्णे नवरत्नखण्डरचिते पात्रे घृतं पायसं
भक्ष्यं पञ्चविधं पयोदधिमृतं रम्भाफलं पानकम्।
शाकानामयुतं जलं रुचिकरं कर्पूर-खण्डोज्ज्वलं,
ताम्बूलं मनसा मया विरचितं भक्त्या प्रभो स्वीकुरु।।
छत्रं चामरयोयंग व्यजनकं, चादर्शकं निर्मलं,
वीणा-भेरि-मृदङ्ग-काहल-कला-गीतं च नृत्यं तथा।
साष्टाङ्गं प्रणतिः स्तुतिर्बहुविधाह्येतत् समस्तं मया,
संकल्पेन समर्पितं तव विभो पूजां गृहाण प्रभो।।
आत्मा त्वं गिरिजा मतिः सहचराः प्राणः शरीरं गृहं,
पूजा ते विषयोपभोगरचना निद्रा समाधिस्थितिः।
सञ्चारः पदयोः प्रदक्षिणविधिः स्तोत्राणि सर्वागिरो,
यद्युत कर्म करोमि तत्तदखिलं शम्भो तवाऽऽराधनम्।।
करचरणकृतं वाक्-कायाजं कर्मजं वा
श्रवण नयनजं वा मानसं वाऽपराधम्

विहितमविहितम् वा सर्वमेतत् क्षमस्व
जय जय करुणाब्धे श्रीमहादेव शम्भो ।।

## शिवारापराध-क्षमापन स्तोत्रम्

आदौ कर्मप्रसङ्गात कलयति कलुषं मातृकुक्षौ स्थितं मां
विण्मूत्रामेध्यमध्ये क्वथयति नितरां जाठरो जातवेदाः।
यद्यद् वै तत्र दुःखं व्यथयति नितरां शक्यते केन वक्तुं
क्षन्तव्यो मेऽपराधः शिव शिव शिव भोः श्रीमहादेव शम्भो ।।
बाल्ये दुःखातिरेको मललुलितवपुः स्तन्यपाने पिपासा
नो शक्तश्चेन्द्रियभ्यो भवगुणजनिता जन्तवो मां तुदन्ति।
नाना रोगादि-दु खाद्रुदन परवशः, शंकरं न स्मरामि
क्षन्तब्यो मेऽपराधः शिव शिव शिव भोः श्रीमहादेव शम्भो ।।
प्रौढोऽहं यौवनस्यो विषयविषधरैः पञ्चभिर्मर्मसन्धौ
दृष्टो नष्टोविवेकः सुत-धन-युवति-स्वाद सौख्ये निषण्णः।
शैवीचिन्ताविहीनं मम हृदयमहो मानगर्वाधिरूढ़
क्षन्तत्यो मेऽपराधः शिव शिव शिव भोः श्रीमहादेव शम्भो ।।
वार्धक्ये चेन्द्रियाणां विगत-गति-मतिश्चाऽऽधिदैवादि-तापैः
पापै रोगैर्वियोगेस्त्वतवसितवपुः प्रौढिहीनं च दीनम्
मिथ्यामोहाभिलाषैर्भ्रमति मम मनो धूर्जटेर्ध्यान शून्यं
क्षन्तब्यो मेऽपराधः शिव शिव शिव भोः श्रीमहादेव शम्भो ।।
नो शक्यं स्मार्तकर्प प्रतिपद-गहन-प्रत्यवाया कुलाख्यं
श्रौते वार्ता कथं मे द्विजकुलविहिते ब्रह्म मार्गे सुरारे
ज्ञातो धर्मो विचारैः श्रवणमननयोः किं निदिध्यासितव्यं
क्षन्तब्यो मेऽपराधः शिव शिव शिव भोः श्रीमहादेव शम्भो ।।
स्नात्वा प्रत्यूषकाले स्नपनविधिविधौ नाहृतं गाङ्गतोयं
पूजार्थं वा कदाचिद् बहुतरगहनात् खण्डबिल्वीदलानि।
नाऽऽनीता पद्ममाला सरसि विकसिता गन्धपुष्पैस्त्वदर्थं
क्षन्तव्यां मेऽपराधः शिव शिव शिव भोः श्रीमहादेव शम्भो ।।
दुग्धैर्मध्वाज्य-युक्तैर्दधिसित सहितैः स्नापितं नैव लिंङ्गं,
नो लिप्तं चन्दनाद्यैः कनक विरचितैः पूजितं न प्रसूनैः।
धूपैः कर्पूर-दीपैर्विविधरसयुतैर्नैव भक्ष्योपहारैः,

## लिंगाष्टकम्

ब्रह्ममुरारी-सुरार्चितलिंगं निर्मल-भासित-शोभित लिंगम्।
जन्मज-दुःखविनाशक लिंगं तत्प्रणमामि सदाशिव लिंगम्।।
देवमुनि-प्रवरार्चित लिंगम् कामदहं करुणाकर लिंगम्।
रावणदर्प-विनाशन लिंगम् त्वत्प्रणमामि सदाशिव लिंगम्।।
सर्व सुगन्धि-सुलेपित लिंगम् बुद्धि विवर्धन-कारण लिंगम्।
सिद्ध-सुराऽसुर वन्दितलिंगम् त्वत्प्रणमामि सदाशिव लिंगम्।।
कनक-महामणि-भूषितलिंगम् फणिपति-वेष्ठित शोभित लिंगम्।
दक्षसुयज्ञ-विनाशक-लिंगम् तत्प्रणमामि सदाशिव लिंगम्।।
कुंकुम-चन्दनलेपित लिंगं पंकजहार-सुशोभित लिंगम्।
संचित पाप-विनाशन लिंगं तत्प्रणमामि सदाशिव लिंगम्।।
देवगणार्चित-सेवित लिंगं भावैर्भक्तिभिरेव च लिंगम्।
दिनकरकोटि-प्रभाकर-लिंग तत्प्रणमामि सदाशिव लिंगम।।
अष्टदलोपरि वेष्टितलिंगं सर्वसमुद्‌भव-कारण लिंगम्।
अष्टदरिद्र-विनाशित लिंगं तत्प्रणमामि सदाशिव लिंगम्।।
सुर गुरु-सुरवर-पूजित लिंगं सुरवन पुष्प-सदार्चित लिंगम्।
परात्पर परमात्मक लिंगं तत्प्रणमामि सदाशिव लिंगम्।।

लिंगाष्टकमिदं पुण्यं यः पठेच्छिवसिन्नधौ।
शिव लोकमवाप्नोति शिवेन सह मोदते।।

## महादेवाष्टकम्

शिवं शान्तं शुद्धं प्रकटमकलंक श्रुतिनुतं
महेशानं शंभु सकल-सुर-संसेव्य चरणम्।
गिरीशं गौरीशं भवभय हरं निष्कलमजं
महादेवं वन्दे प्रणत जनतापोपशमनम्।।

सदासेव्यं भक्तैर्हृदि हृदि वसन्तं गिरिशय-
मुमाकांतं क्षांतं करधृतं पिनाकं भ्रमहरम्।
त्रिनेत्रं पंचास्यं दशभुजमनन्तं शशिधरं
महादेब वन्दे प्रणत जनतापोपशमनम्!

चिताभस्मालिप्त भुजगमुकुटं विश्व सुखदं

धनाध्यक्षस्यांगं त्रिपुरवधकर्तारमनघम्।
करोटीखट्‌वांगे ह्यूरसि च दधानं मृतिहरं
महादेव वन्दे प्रणत जनतापोपशमनम्।।

सदोत्साहं गंगाधरमचलमानन्दकरणं
पुरारातिं भातं रतिपतिहरं दीप्तवदनम्।
जटाजूटैर्जुष्टं रसमुख-गणेशानपितरं
महादेव वन्दे प्रणत जनतापोपशमनम्।।

वसन्तं कैलासे सुरमुनि सभायां हि नितरां
ब्रुवाणं सद्धर्म निखिल मनुजानन्दजनकम्।
महेशानी साक्षात् सनक मुनि-देवर्षि सहितं।
महादेव वन्दे प्रणत जनतापोपशमनम्।।

शिवां स्वे वामांगे गुहगणपति दक्षिण भुजे
गले कालं व्यालं जलधिगरलं कण्ठ विवरे।
ललाटे श्वेतेन्दुं जगदपि दधानं च जठरे
महादेव वन्दे प्रणत जनतापोपशमनम्।।

सुराणां दैत्यानां बहुल मनुजानां बहुविधं
तपः कुर्वाणानां झटिति फलदातारमखिलम्।
सुरेशं विद्येशं जलनिधि सुताकान्त हृदयं।
महादेव वन्दे प्रणत जनतापोपशमनम्।।
वृषारूढं सृष्ट्यादिषु कमल जाद्यात्मवपुषम्।
अतर्क्यं निर्मायं तदपि फलहं भक्त सुखदं
महादेव वन्दे प्रणत जनतापोपशमनम्।।

इदं स्तोत्रं शम्भोर्दुरितदलनं धान्य धनदं
हृदि ध्यात्वा शम्भुं तदनु रघुनाथेन रचितम्।
नरः सायं प्रातः पठति नियतं तस्य विपदः
क्षयं यान्ति स्वर्गं व्रजसि सहसा सोऽपि मुदितः।।

## शिवरामाष्टकम्

शिव हरे शिव राम सखे प्रभो त्रिविधिताप निवारण हे विभो।
अज जनेश्वर यादव पाहि मां शिव हरे विजयं कुरु मे वरम्।।
कमललोचन राम दयानिधे हर गुरो गजरक्षक गोपते।

वाक् त्वं रागाधिदेवी त्वं तत्कर्ता तद्गुरुः स्वयम्।
अहो सरस्वती बीजं कस्त्वां स्तोतुमिहेश्वरः।
इत्येवमुक्त्वा शैलेन्द्रस्तस्थौ धृत्वा पदाम्बुजम्।।
तयोवास तमाबोध्य चावरुह्य वृषाच्छिवः।
स्तोत्रमेतन्महापुण्यं त्रिसन्ध्यं यः पठेन्नरः।।
मुच्यते सर्व पापेभ्यो भयेभ्यश्च भवार्णवे।
अपुत्रो लभते पुत्रं मासमेकं पठेद्यदि।।
भार्याहीनो लभेद् भार्यां सुशीलां सुमनोहरम्।
चिरकालगतं वस्तु लभते सहसा ध्रुवम्।।
राज्यभ्रष्टो लभेद्राज्यं शंकरस्य प्रसादतः।
कारागारे श्मशाने च शत्रु ग्रस्तेऽपि संकटे।।
गंभीरेऽति जलाकीर्णे भग्नपोते विषादने।
रणमध्ये महाभीते हिंस्रजन्तु समन्विते।
सर्वतो मुच्यते स्तुत्वा शंकरस्य प्रसादतः।।

## असितकृतं शिवस्तोत्रम्

असित उवाच—

जगद् गुरो नमस्तुभ्यं शिवाय शिवदाय च।
योगीन्द्राणां च योगीन्द्र गुरूणां गुरवे नमः।।
मृत्योर्मृत्यु स्वरूपेण मृत्यु संसार खण्डन।
मृत्योरीश मृत्यु बीज मृत्युञ्जय नमोऽस्तुते।।
कालरूपं कलयतां काल कालेश कारण।
कालादतीत कालस्य काल-काल नमोऽस्तुते।।
गुणातीत गुणाधार गुणबीज गुणात्मक।
गुणीश गुणिनां बीज गुणीनां गुरवे नमः।।
ब्रह्मस्वरूप ब्रह्मज्ञ ब्रह्मभावे च तत्परः।
ब्रह्मबीज स्वरूपेण ब्रह्मबीज नमोऽस्तुते।।
इति स्तुत्वा शिवं नत्वा पुरस्तस्थौ मुनीश्वरः।
दीनवत्सासुनेत्रश्च पुलकान् चित्तविग्रहः।।
असितेन कृतं स्तोत्रं भक्तियुक्तश्च यः पठेत्।
वर्षमेकं हविष्याशी शंकरस्य महात्मनः।।

स लभेद् वैष्णवं पुत्रं ज्ञानिनं चिरजीविनम्।
भवेद्धनाढ्यो दुःखी च मूको भवति पण्डितः।।
अभार्यो लभते भार्यां सुशीलां च पतिव्रताम्।
इह लोके सुखं भुक्त्वा यात्यन्ते शिवसन्निधिम्।
इदं स्तोत्रं पुरा दत्तं ब्रह्मणा च प्रचेतसे।
प्रचेतसा सपुत्रायासिताय दत्तमुत्तमम्।।

## महामृत्युञ्जय स्तोत्रम्

ॐ अस्य श्री महामृत्युञ्जय स्तोत्रमन्त्रस्य श्रीमार्कण्डेय ऋषिः अनुष्टुप् छन्दः श्री मृत्युञ्जयो देवता गौरि शक्तिः मम सर्वारिष्ट-समस्त मृत्युशान्त्यर्थं सकलैश्वर्य प्राप्त्यर्थं च जपे विनियोगः।

ध्यानम्

चन्दार्काग्निविलोचनं स्मितमुखं पद्मद्वयान्तः स्थितं।
मुद्रा पाश मृगाक्ष-सूत्रविलसत्पाणिं हिमांशु प्रभम्।।
कोटीन्दु-प्रगलत्सुधाप्लुतवनुं हारादि भूषोज्ज्वलं।
कान्तं विश्वविमोहनं पशुपतिं मृत्युञ्जयं भावयेत्।।
ॐ रुद्रं पशुपतिं स्थाणुं नीलकण्ठमुमापतिम्।
नमामि शिरसा देवं किं नो मृत्युः करिष्यति।।
नीलकण्ठं कालमूर्तिं कालज्ञं कालनाशनम्।
नमामि शिरसा देवं किं नो मृत्युः करिष्यति।।
नीलकण्ठं विरूपाक्षं निर्मलं निलयप्रभम्।
नमामि शिरसा देवं किं नो मृत्युः करिष्यति
वामदेवं महादेवं लोकनाथे जगद् गुरुम्।
नमामि शिरसा देवं किं नो मृत्युः करिष्यति।।
देवदेवं जगन्नाथं देवेशं वृषभध्वजम्।
नमामि शिरसा देवं किं नो मृत्युः करिष्यति।।
गंगाधरं महादेवं सर्वाभरण भूषितम्।
नमामि शिरसा देवं किं नो मृत्युः करिष्यति।।
अनाथः परमानन्दं कैवल्यं पदगामिनम्।
नमामि शिरसा देवं किं नो मृत्युः करिष्यति।।
स्वर्गापवर्गदातारं सृष्टि-स्थिति-विनाशकम्।

गोपनीयं प्रयत्नेन महाबन्ध्या प्रसूतिकृत।
स्त्रियां वा पुरुषेणाऽपि नियमाल्लिङ्सन्निधौ।।
अब्दं जप्तमिदं स्तोत्रं पुत्रदं नाऽत्रे संशयः।
इत्युक्त्वाऽन्तर्दधे बालः सोऽपि विप्रो गृहं गतः।।

## अनादिकल्पेश्वर स्तोत्रम्

कर्पूरगौरी भुजगेन्द्रहारो गंगाधरो लोकहितावहः सः।
सर्वेश्वरो देववरोऽप्यधोरो योऽनादि कल्पेश्वर एव सोऽसौ।।
कौमासवासी गिरिजा विलासी श्मशानवासी सुमनोनिवासी।
काशीनिवासी विजयप्रकाशी योऽनादि कल्पेश्वर एव सोऽसौ।।
त्रिशूलधारी भवदुःखहारी कन्दर्पवैरी रजनीशधारी।
कपर्दधारी भजकानुसारी योऽनादि कल्पेश्वर एव सोऽसौ।।
लोकाधिनाथः प्रमथाधिनाशः कैवल्यनाथः श्रुतिशास्त्रनाथः।
विद्यार्थनाथः पुरुषार्थनाथो योऽनादि कल्पेश्वर एव सोऽसौ।।
लिङ्ग परिच्छेत्तुमधोगतस्य नारायणश्चोपरि लोकनाथः।
बभूवतुस्तावपि नो समर्थो योऽनादि कल्पेश्वर एव सोऽसौ।।
यं रावणस्ताण्डवकौशलेन गीतेन चाऽतोषयदस्य सोऽसौ।
कृपाकटाक्षेण समृद्धिमाप योऽनादि कल्पेश्वर एव सोऽसौ।।
सकृच्च बाणोऽवनमय्य शीर्षं यस्याग्रतः सोऽप्यलभत् समृद्धिम्।
देवन्द्र सम्पत्त्यधिकां गरिष्ठां योऽनादि कल्पेश्वर एव सोऽसौ।।
गुणान् विमातु न समर्थ एष वेषश्च श्रीवोऽपि विकुण्ठितोऽस्य।
श्रुतिश्च नूनं चलितं वभाषे योऽनादि कल्पेश्वर एव सोऽसौ।।
अनादि कल्पेश उमेश एतत् स्तवाष्टकं यः पठति त्रिकालम्।
स द्यौतपापोऽखिललोक वन्द्ये शैवं पदं यास्यति भक्तिमांश्चेत्।।

)()()(